5分間で読める・話せるこわ～い話

子どもの心をつかむ21世紀の怪談

山口理【著】
やまねあつし【絵】

いかだ社

はじめに

●『コワイ話』のもつパワー

21世紀に入り、人類の文明はさらに進歩しつつあります。科学技術、電子工学等の進歩は実にめざましく、ほんの少し前まで夢物語であったことが、次々と現実になってきている昨今です。

ですが、時代の流れに関わらず、変わらないものも、たくさんあります。命が尊いものであること、美味しいものを食べたいと思う気持ち、木々の緑が心を穏やかにしてくれるという感覚……。そして、子どもたちが、「コワイ話が大好き」であるという事実。

わたしは現在の作家業に入る前、長い間、小学校の教員をしていました。その初任のとき、ふとしたことから読み聞かせた怪談。そのときの子どもたちの反応が、あまりに大きかったことに我ながら驚いたものです。

「先生、その後どうなったの？」

「もっと聞かせて！」

話の後、子どもたちがワッと群がってきました。それからのわたしは、この怪談話を懐刀のようにして、時折取りだし、子どもたちとの人間関係を深めてきました。それが退職するまでの数十年間、ずっと続いたのです。

「コワイ話は、学級経営のための大きな力になる！」それは、確かな事実でした。

●なぜ〝5分間〟なのか

わたしも初めの頃は、いわゆる「怪談の名作・定番」の読み聞かせから入りました。それでも子どもたちは、大満足でわたしの〝コワイ話〟に聞き入ります。けれど、いくつもの作品を読んでいくうちに、それらがいくつかのスタイルにパターン化されていることに気がつきました。

「このままでは、いずれ子どもたちに、話の先を読まれてしまう」

要するにマンネリ化です。そこでわたしは、自分のオリジナル作品を考えるようになりました。話をしながらその場の思いつきで話していく場合もありましたし、じっくりと時間をかけて作り上げたものもあります。正確に数えてはいませんが、その数、百編を越えていることは間違いありません。

夜の学校を舞台にした話、トイレの話、幽霊屋敷の話、不思議な商店街の話等。ですが、やがてそれら定番の話以上に、現代っ子の心をとらえる設定があることに気づきます。それが、現代っ子の「感覚にマッチした」作品という視点を押さえた作品でした。

そこでわたしは一時期、ファッション、現代スポーツ、芸能界、近代的家電品、恋愛もの、ＳＦものなどの、「現代っ子の感覚にマッチしている」と思われる作品創りに取り組みました。確かに、こうした新鮮な視点で書いた作品は、子どもたちを惹きつけるための有効な手だてのひとつではありました。ですがその後、それよりさらに効果的な作品スタイルがあることに気づきます。そのキーワードは、「長さ」でした。

どんなに内容があって、コワイ話でも、それが長すぎると今の子どもたちは、すぐに飽きてしまいます。さらに頭の中で、ストーリーがつながらなくなってしまいます。かといって短すぎては、山場が生まれません。〝読み聞かせ〟を念頭に置いた場合、ちょうど良い長さが「5分間」なのです。

この長さであれば、子どもも飽きません。読み手である大人も、ストーリーを頭に入れて読み聞かせることができ、時には〝暗記した上で〟話をすることもできます。

「五分間で読み聞かせると、効果はバツグン!」。わたしは長い間、〝コワイ話〟の読み聞かせ及び語りを行ってきた中で、そう確信しています。

●子どもは〝コワイ話〟が大好き

教員時代、わたしは時間があれば、〝コワイ話〟の読み聞かせ・語りを行った……とは、前述した通りです。ですがそれは、わたしが進んで行ったというより、子どもたちの方から要求されて話したと言った方が正しいでしょう。授業の区切りになり、わたしがちょっと教室の時計に目をやると、

「先生、あと十分あるよ」と、〝コワイ話〟を催促します。授業やテストが続き、子どもたちの集中力が限界にきているなと感じたときは、「さて、次の時間は何をするか」などと、探りを入れます。そんなとき、子どもたちの答えはたいてい決まっていました。

「コワイ話して!」

です。こうしたときは、しっかりと環境も整え、腰を据えて、話を始めます。こうしたことが何度も続き、わたしも「子どもたち、よく飽きないなあ」と、苦笑することがたびたびありました。聞く側の子どもたちはいいのですが、こちらは大変です。次々とオリジナルの話を考えていかなくてはならないのですから。

子どもたちの反応は、話が終わった後も続きます。話し終わった後の休み時間になれば、すぐにわたしの周りに集まって、ピーチクパーチク始まります。

「先生、ぼくのお母さんもね……」

「わたしも似たようなことがあったの」

と、そこでまた話が盛り上がってしまうのです。

わたしは、高学年の担任をすることが多かったのですが、林間学校や、修学旅行などの時は、ますます大変です。実行委員の方で勝手に、「山口先生のコワイ話」などと夜の集いのプログラムに入れてしまうのですから。そんなときは、大広間で学年全体の子どもたちの前で、〝コワイ話〟の語りをするハメになってしまいます。

長い間の教員生活の中で、子どもたちの雰囲気は時代と共に確かに変わりました。ですが、「オバケの話好き」、「コワイ話好き」なところだけは、少しも変わりません。そしておそらくはこれからもずっと……。

●子どもとの人間関係づくりに

わたしはこの、〝コワイ話〟を長年、学級づくり、子どもとの人間関係づくりに役立ててきました。卒業させた子どもたちから、時々クラス会や飲み会の誘いがかかります。するとその場で決まって話題にのぼるのが、〝コワイ話〟の思い出話。どの年代の子どもたちも、決まってそうなってしまうのです。それだけ、インパクトが強かったということでしょうか。

わたしは、〝コワイ話〟の力を借りることによって、子どもとの距離をグッと縮められたと思っています。また、子どもが家庭で喜々としてその話をすることで、保護者との距離も縮まったように感じています。

スポーツ、授業の技術、人柄、特技等によっても、子どもとの関係を深めることができます。そして、この〝コワイ話〟もそのひとつです。あなたもぜひこの本を、子どもとの関係を築き、より深めるために役立ててください。そのためのお手伝いができれば、これほど嬉しいことはありません。

この本の特色

①5分間程度の長さにまとめてあります。

平均的な速度で読んで、平均5分間（4〜6分間）で読み切れる文章量です。〃読み〃でなく、〃語り〃を行う場合でも、十分にストーリーを記憶できる長さです。

②低学年〜高学年まで使えます。

一応、中学年程度を対象にして書いてありますが、読み方に多少の工夫を加えるだけで、低学年から高学年まで、十分に対応できます。

③ワンポイント解説入りです。

一つひとつの話ごとに、ワンポイントの解説を入れました。話を盛り上げるための一例として載せてあります。読み聞かせの参考にしてください。

④場面絵、紙芝居も作れます。

拡大コピーをして黒板に掲示したり、また紙芝居形式にして活用することもできます。そのため作品のすべてに、挿絵を入れてあります。

⑤多くの作品に、ラストの含みを持たせています。

このことにより、話に余韻を持たせたり、子どもに結末を考えさせるなど、発展につなげていくことも可能です。

〝コワイ話〟読み聞かせの基本テクニック

①必ず話を一読して、イメージづくりを行ってください。そして、山場の場面をしっかりと頭に入れておくことが重要です。

②時々は顔を上げ、子どもの顔を見ながら話をします。本に目を落としっ放しは避けましょう。語り聞かせるように話をするのがベストです。

③環境に工夫を凝らしましょう。例えば、「教室をカーテンなどで暗くする」「座席に変化をつける」（自由席で。机を後ろに片づけ椅子だけで。床に座らせてなど）。また、音響効果も考えるといっそうムードが盛り上がります。（靴音、ドアの開く音などの効果音、不気味なＢＧＭを流すなど）

④話の後で、今の話と似たような体験はないか、また、そのような〝コワイ話〟を聞いたことはないか、話をさせると良いでしょう。

⑤本書は、全学年に使えますが、学年に応じた多少のアレンジ（内容、表現など）をすると、子どもたちをさらに惹きつけます。特に低学年に読み聞かせる場合には、次のような点に留意してください。

＊できるだけ、ゆっくり読む。

＊場面絵や紙芝居など、ビジュアルな提示を心がける。

＊やさしい言い回しに直して読む。

＊敬体に言い換えて読む方が良い。

＊怖がらせすぎない。

呪いの花ビン

●読むに当たっての工夫例
・教室などにある花ビンを手にとって、「この花ビンは、普通の花ビンだといいんだけど……」などと前置きし、話に入る前の雰囲気づくりをしておく。

その日の朝、ぼくの教室は騒がしかった。

「どうしたんだよ、いったい」

ぼくは、体をよじるようにして、人がきに割りこんだ。

「だれかが、優希《ゆうき》の机の上に、こんなもの置いたらしいのよ」

女子のだれかが、大声を上げて指をさす。そこには、赤い花ビンに白いゆりの花。

「この一輪ざしの花ビン、なんか気持ち悪い」

「縁起悪いぜ、これ。優希のやつ、呪われちゃうんじゃねえか?」

「やめなさいよ、バッカみたい!」

そんな声が飛び交う中、先生がやってきた。おしゃべりの友佳《ゆか》が事情を説明する。

「そりゃ、よくない悪ふざけだな。……ところで優希はまだ来ていないのか?」

先生はそう言って、教室内をぐるりと見回した。そういえば、いつもは早い時刻に登校して、校庭で遊んでいるはずの優希が今朝はまだ来ていない。そしてそのまま、始業のチャイムが鳴った。

三時間目の始まりに、職員室からもどってきた先生は、ちょっとトーンの下がった声で、こんなことを言った。

「優希が今朝、自宅マンションの階段から落ちて、大けがをしたそうだ」

みんながいっせいに顔を見合わせる。休み時間になると、「だれがあの花ビンを置いたのか」ということが、大きな話題となった。

「おれ、朝一番に教室へ来たけど、その時にはもうあったぞ」

「あたし昨日、日直の仕事で最後に教室を出たけど、その時にはなかったわよ」

みんなの声が、次第に小さくなる。

「じゃあ、いつ置いたんだ。だれがやったんだ」

なぞは深まるばかりだった。

それから数日たったある日の朝、今度は学級委員の祐太郎《ゆうたろう》の机に、その花ビンが置かれていた。花は優希のときと同じ、白いゆりの花。

「祐太郎、気をつけろよ」

友だちが心配そうに声をかけても、祐太郎はまるで気にしない。

「くだらないいたずらさ。まったくひまなやつがいるもんだ」

そう言って、鼻でわらった。ぼくも祐太郎と同じ考えだ。こんなのただのいたずらに決まってる。

しかし翌日、教室はまたしても恐怖に包まれた。祐太郎が、優希と同様にケガをして、入院したという知らせが入ったのだ。乗っていた自転車のフレームがとつぜんまっぷたつに折れ、地面にたたきつけられたのだという。

「やっぱり、ただのいたずらじゃないわ。きっと呪われているのよ、この教室」

みんなの顔が青ざめていた。けれどぼくは、呪いなんて信じちゃいない。ぐうぜんが重なっただけだ。ようし、このいたずらをしているやつの正体をあばいてやる。

その日の放課後、ぼくは学年資料室にしのびこんだ。ここなら、だれにも見つからない。たなのかげにかくれていれば、先生にだって、見つからないはずだ。

五時を過ぎて、日直の先生が見回りに来たけれど、どうにか見つからずにすんだ。ぼくはそっと教室にもどった。夕焼けのオレンジ色が、教室の窓からとびこんで、机の影を床に長くのばしていた。清掃用具のせまいロッカーにもぐりこむ。上の方に細いのぞき窓のようなすき間があって、そこから外が見える。ぼくはさかさまにしたバケツの上に乗って、じっとようすをうかがった。十分、二十分……。時間がすぎていく。

(今日はこないのかなあ)

ぼくが半分あきらめかけたそのときだった。教室の入り口がゆっくりと開いていく。

(来たな。いったいだれが……)

次の瞬間、ぼくの背筋がゾーッとこおりついた。入ってきたのは人間の形をした黒い影。その影が、白いゆりのさしてある赤い花ビンを持って、音もなく入ってきたのだ。ぼくは、ゴクリとなまつばをのみこんで、その不気味なようすを見つめた。

黒い影はまるでスローモーションの映画のように、ゆっくりと教室の中を歩き、そしてひとつの机の前で止まった。
（えっ、あ……、そ、そんな……）
赤い花ビンは、コトリと音をたてて、ぼくの机の上に置かれた。

ホテルの門限

●読むに当たっての工夫例
・『門限』と大書した紙を黒板などに貼りだし、まずその意味から入る。次に、自分の家の門限に話題を振る。「もし、厳しい門限があったらどうだろう……」などと、想像させてから話に入る。

久しぶりの家族旅行だ。

「わあっ、こんなきれいなホテルに泊まれるの？　うれしい！」

わたしは、ロビーのシャンデリアを見あげて、つい大声を上げてしまった。

「やめてよ、美香《みか》。そんなにはしゃがないで、みっともない」

お姉ちゃんが、わたしの頭をコンと軽くこづいた。それを見て、お父さんもお母さんも笑っている。部屋もなかなかのもの。窓から見える景色もいいし、なによりまっ白なかべが、おしゃれな感じだ。そんな部屋にうっとりしたり、ホテルの中を歩き回ったり。とにかくわたしはうれしくてたまらない。

「美香ったら、落ち着かないわねえ。そろそろお風呂に行きましょう。そのあとはおいしいばんごはんよ」

お母さんだって、うきうきしている感じ。わたしたちは、タオルと着替えを持って、お風呂に行った。このお風呂も広くてとってもきれい。露天風呂も気持ちよかったし、ブクブクあわの出るジャグジーも楽しい。サウナはあまり好きじゃないけど、せっかくだから、がまんして入った。

「ふうーっ、暑かった。でも、さっぱりして気持ちいいなあ」

わたしはドライヤーで髪をかわかしながら、そんなひとりごとを言った。

夕食が、これまたごうせい。おさしみなんかもう山盛り！　いつもはむずかしい顔のお父さんも、今日はごきげんでビールを飲んでる。

「あー、おいしかった。もう、おなかいっぱい」

わたしは、浴衣の上から、おなかをポンポンとたたいた。すると、いっぱいきげんのお父さんが、こんなことを言い出した。

「みんなで外に出てみようや。ここの温泉街は夜おそくまでにぎやからしい。部屋でテレビを見てたって、おもしろくないだろう」

　この提案に、みんな大賛成。さっそくしたくをして、ロビーにおりた。

「ちょっと外へ出てきますから」

「いってらっしゃいませ。ただし、当ホテルは門限が十時となっております。決しておくれませんよう。一分でもおくれますと、お客様に大変なごめいわくがかかることになりますので」

　どういうことだろう。……そのホテルマンのおじさんは、わたしたちの方をチラリとも見ずに、深くおじぎをした。外の空気は、少しムッとした感じがした。

「ずいぶん門限がきびしいホテルだわ。『一分でもおくれちゃだめ』なんて」

　お母さんはそう言って、ちょっと首をかしげた。

　けれど温泉街は、お父さんの言った通り、明るくて楽しいところだった。おみやげ屋さんもたくさんならんでいるし、かわいいビーズのお店もあった。

「ここなあに？　ゲームセンターって書いてあるけど、なんかへんだよ」

「おっ、スマートボールか。なつかしいな。あれ、射的もあるぞ」

　わたしのやったことのないゲームばかり。でも、本やテレビでは何回か見たことがある。

「美香、これやってみないか?」

お父さんにそう言われて、わたしは〃射的〃をやってみた。

「ほう、お嬢ちゃん、うまいねえ。大当たりだ」

大きなこけしを取った。続いて、かわいい手鏡。次にラメの入ったブレスレット。なぜか、わたしのほしいものばかり取れる。

「いや、まいったなあ。いいもの、みんなお嬢ちゃんに取られちゃうよ」

ゲームセンターのおじさんが、わらいながら言った。

「美香、そろそろ帰りましょう。もうすぐ門限よ」

お母さんはそう言ったけど、わたしはまだ帰りたくなかった。だって、いくらでもほしいものが取れるんだもの。

「ねえ、お姉ちゃん。今度は……」

ふり向くと、だれもいなかった。お姉ちゃんも、お母さんも、お父さんも。

「はい、お嬢ちゃん。うちはもう店じまいだ。早く帰りな」

ぶっきらぼうにそれだけ言うと、おじさんはシャッターをおろし始めた。

(みんな、ひどいなあ。わたしを置いて帰っちゃうなんて)

でも、ホテルは目の前だ。わたしは走って、ホテルへもどった。

「あっ、まっ暗……」

ホテルへもどると、明かりがすっかり消えている。ドアの前に立った。開かない！　自動ドアが開かない。わたしは、両手のこぶしで、ぶあついガラスのドアを、ドンドンとたたいた。それでも開かない。どうやってもドアは開かなかった。

「えっ、な、なに？」

わたしは、両方の足首に冷たいものを感じて、地面を見た。

「キャアアアーッ！」

わたしの悲鳴が、あたりにひびいた。暗い地面から何本もの白い手がのびて、わたしの足首をつかんでいる。

「なにこれ、助けて、だれか助けて〜！」

顔をあげると、ガラスの向こうに、家族みんなの顔があった。悲しそうにじっとわたしを見ている。

「お父さん、助けて。お母さん、お姉ちゃん、助けて！　どうして、どうしてみんな、だまったままなのよ！」

気がつくと、あのホテルマンのおじさんが立っている。そして、ロビーの大時計を指さした。針が十時八分を指していた。

恐怖の人体模型

●読むに当たっての工夫例
・可能であれば、実際に人体模型を教室などに持ち込む（それには最初、布などをかけておく）。話の直前に布を取り、「この人体模型には、こんな話があるんだよ」と言い、再び布をかけて話し始める。

チャイムが鳴った。そうじの時間だ。

「けんちゃん、うちの班、今週から理科室そうじだったよな」

ぼくは、理科室そうじが好きだ。いや、正確には、「他の場所より好き」だ。もともとそうじは好きじゃない。でも、理科室なら先生もめったに見回りに来ないし、おもしろいものがたくさんあるから、いやじゃない。

「ぼくとけんちゃん、準備室ね」

「ずるいよ、としくん。この前もそうだったじゃない。今度は交代だよ」

班長の真由美《まゆみ》が口をとがらせて、そう言った。

「準備室の方がごちゃごちゃしてて大変なんだぞ。まあ、ここはまかせとけって」

ぼくはけんちゃんといっしょに、準備室へ入って、中からかぎをしめた。

「へへっ、うまくいったな。……おっ、天体望遠鏡の大きいのがあるぞ」

この前の時にはなかった。新しく買ったんだな。これって、星だけじゃなくて、遠くの景色も見えるんだ。ただし、逆さまに映るんだけどね。

「三脚も新しくしたんだな。ちょっと外、見てみようぜ。よいしょっと」

ぼくは、天体望遠鏡を三脚ごと持ち上げて、外に向けようとした。と、そのとき、ガツンと音がして、ぼくのうでに軽いショックがあった。

「あっ、いけね」

うっかり三脚を、横にあった人体模型にぶつけてしまったんだ。

「あーあ、としくん。人体模型の左腕、取れちゃったよ。どうする?」

「ないしょ、ないしょ。こうやって下に置いておけば、だれがやったかなんて、わかりっこないし」

けんちゃんは、ちょっと不安そうな顔になったけど、ぼくはちっとも気にならなかった。な

あに、何か聞かれたら、最初から取れてたことにしておけばいいんだ。

間もなくそうじが終わって、五時間目、帰りの会と進み、すぐに下校になった。

ぼくは急いで家に帰り、サッカーボールを持って飛び出した。けんちゃんたちと、四号公園で遊ぶんだ。

「へーイ、こっちパスパス！」

サッカーは楽しい。あっという間に時間が過ぎていく。青い空にオレンジ色の雲が浮かび始めると、楽しい遊びも終わりだ。

「じゃあな、としくん。また明日。あーあ、今日は図工の宿題、やらなくちゃ」

けんちゃんのそのことばに、ぼくは「しまった」と、心の中でさけんだ。宿題の絵を、教室のロッカーに入れたままだった。絵の具もいっしょに置いてきた。どうしても明日までにやらなくちゃならない宿題だ。

「じ、じゃあな。また明日」

ぼくは曲がり角まで走ると、家には帰らず、学校への道を急いだ。

「先生たち、まだだれかいるといいけどな」

学校に着くと、職員室の電気がついていた。ぼくは、ホッとむねをなでおろし、先生に見つからないように、教室へ向かった。先生に気づかれると、「わすれものか」とか「家には帰ったのか」とか、いろいろ聞かれて、めんどうくさいんだ。

三階までかけあがり、四年二組の教室をめざす。

「ふうっ、つかれた～」

サッカーで走っているときより、ずっと疲れる。夕焼け色にそまった教室の中は、シーンと静まりかえっていた。念のために、ドアはしめておく。

「えーっと、宿題の絵は……。あったあった」

左手に丸めた書きかけの絵と絵の具を持って、ぼくはろうかへ出ようとした。

「ん？　何だ、この音」

コツコツと、かたい音が遠くの方から少しずつ近づいてくる。

「先生かな？　それにしちゃ、足音がへんだ」

そう思いながら、ぼくは柱のかげにそっとかくれた。足音はどんどん近づいてくる。そして、教室の前でピタッと止まった。ドアがスルスルと開いていく。ぼくののどが、ゴクッと鳴った。

ぼくは、信じられないものを見た。教室に入ってきたのは、あの〝人体模型〟だった。その人体模型は、ゆっくりとぼくの方へ近づいてくる。ぼくはたまらず、柱の陰から飛び出した。

「うわっ、ま、まさか」

「あ、あっち行け。あっち行けぇ！」

ふしりぼるようなぼくのさけびの向こうで、その人体模型はかすれた声でこう言った。

【うでを……、うでを直してください……】

見ると、右手にぼくがこわした左腕を持っている。

「うわわわっ、あっち行けったら！」

ぼくは思いきり、足をふり上げ、けとばした。ガシャーンと音がして、人体模型がたおれる。

その瞬間、ぼくの左腕をはげしい痛みがおそった。そして人体模型は、たおれたままの姿勢でこう言った。

【お前の腕も、こわしてやる……】

あの子がついてくる

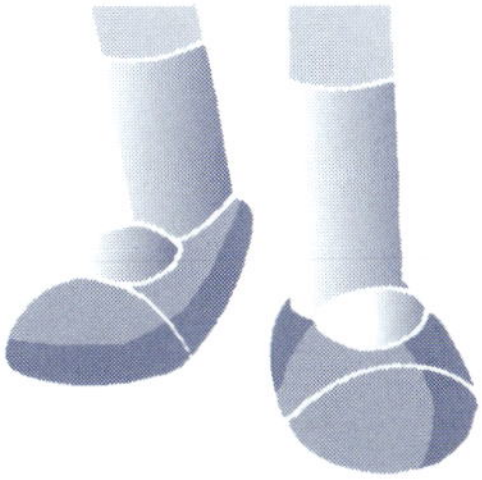

●読むに当たっての工夫例
・大人の体験談（創作でよい）から入るのも一方法。自分にまつわる不思議な人物の話などをして、子どもの興味を引き付けておく。話の途中で、「先生の時と似ているな」などと間の手を入れてもよい。

秋は暗くなるのが早い。ぼくは、公園からの帰り道を急いだ。友だちとサッカーをしていて、つい遊びすぎちゃったんだ。もう星が出ている。ぼくは、空を見あげた。

「あれっ？」

顔を上げたぼくの目に、カーブミラーが見えた。ぼくが首をひねったのは、カーブミラーのせいじゃない。カーブミラーに映った、〝あの子〟が気になったんだ。ぼくと同じ、三年生ぐらいだろうか。

「あの子、たしか公園を出たところにもいたな」

もう、ずいぶん寒くなり始めたというのに、Tシャツに半ズボン。顔はちょっと遠くてわか

注意

らない。最後の曲がり角を曲がった。ぼくの家は、すぐそこだ。

「ただいま！」

げんかんのドアを開けながら、ふと、ふり返ってみた。

（いる……）

あの子が玄関の前にいた。ぼくは、ちょっと気味が悪くなって家の中へ飛びこんだ。

待っていたのは、おいしいばんごはん。そして楽しいテレビ。ぼくの頭の中から、あの子のことは、いつの間にかすっかり消えていた。

よく朝、ぼくは、いつものように、お気に入りのサッカーボールをネットに入れて、学校へ向かった。しかし、大通りに出たとたん、ぼくの足がピタッと止まった。

（またいる。あの子だ……）

ぼくは、気にしないようにして、その子のわきを通り過ぎようとした。その時、ぼくの胸はドキンと音を立てた。

（似てる。だれかに似てる。いったいだれに似てるんだ。……そうか、ぼくだ。この子はぼく

に似てるんだ）

　とつぜんその子が、ぼくのボールをけとばした。ネットごと、ころがっていくボール。

「あっ、何するんだよ！」

　ぼくは、あわててボールを追った。と、ぼくの背中でキキーッと、するどい音がした。つづいて、ガシャーンという耳をつんざくような音が。

「あぶなーい！」

　近くにいた人たちの大声がひびく。大型のバイクが、歩道につっこんで来たんだ。バイクははげしく回転したあと、ブロックべいにたたきつけられた。運転していた人は、血まみれになって、ピクリとも動かない。「救急車を呼べ！」そんな声も聞こえる。ぼくは、ぼうぜんとその場に立ちつくした。そして、ハッとあることに気がついた。

「あのまま歩いていたら、ぼくがこのバイクにまきこまれてたかも……」

　あたりを見回したけど、あの子の姿はどこにもなかった。

　それからしばらくの間、あの子はぼくの前に姿を現さず、ぼくも少しずつあの子のことをわすれていった。

「うわあ、ちこくしたら大変だ！」

　四年生になったぼくは、これから少年サッカーチームの合宿に行くところ。今は夏休みだ。集合場所へは、バスに乗って行かなくちゃならない。そのバスの時間がギリギリなんだ。ぼくは全力でバス停めざして走った。その時、ぼくの目の前に一人の男の子が現れた。

（あの子だ！）

　しばらく現れなかったのに。でも今はそんなこと、どうでもいい。とにかく急がなくちゃ。ところがその子は、ぼくの行く手をふさいで、こう言ったんだ。

「あのバスに乗ってはだめ」

　じょうだんじゃない。ぼくは無視して走り続けた。するとその子は、いきなりぼくにだきついた。

（つ、冷たい……）

　そう。その子の体はまるで氷のように冷たかったんだ。

「離せ、離してくれよ。いったい何なんだ、お前は！」

　それでもその子は、ぼくの体から離れない。そしてバスは行ってしまった。

「あーあ、どうしてくれる……」

ぼくはそこまで言って、ことばが出なくなった。

「あれっ？　どこへ行ったんだ？」

きつねにつままれたよう、というのは、こういうときに使うんだろうか。あの子の姿は、もう、どこにもなかった。

ぼくは、一本あとのバスに乗って、集合場所へ向かった。それなのに、なんと道路が大じゅうたい。バスがちっとも動かない。コーチに怒られるのはもう、決定だ。

シュンとしたぼくの耳に、ピーポーピーポーと、サイレンの音が聞こえた。

【救急車が通ります。道をあけてください】

それと同時に、バスの運転手さんが、こんなアナウンスをした。

「大変、ご迷惑をおかけいたします。ただいま連絡が入りまして、一本前のバスが大型トレーラーと正面衝突事故を起こしたもようです。負傷者の方が多数出ているようで、運転再開までに、もう少し時間のかかることをご了解ください」

ぼくは瞬間的に、〝あの子〟のことを思い浮かべた。

（まただ。またあの子がぼくを助けてくれた。いったいあの子は……、あっ、もしかしたら）

ぼくは、合宿に行くのをやめて、そのまま家に帰った。そして、パタパタと古いアルバムをめくった。

「やっぱり……。やっぱりあの子は、ぼくのおじさんだったんだ」

九歳の時に、病気で亡くなったというぼくのおじさん。だから、ぼくに似ていたんだ。

「おじさん、ありがとう。ぼくを守ってくれたんだね！」

ぼくは、アルバムの中のおじさんに向かって、何度もお礼を言った。

おじさんが、どうしてぼくを助けてくれたのか、それは今でもわからない。けれど、たしかにぼくを守ってくれた。

君にも、知らないところで君を守ってくれている、だれかがいるのかも知れない……。

ショーウインドウの中に

●読むに当たっての工夫例
・できるだけデフォルメされていない人形を数体用意し、それをだれかに持たせた上で、話にはいる。途中で人形を放り出すかも知れないし、だれかに投げ渡してしまうかも知れない。そのリアクション自体が、話の盛り上がりに一役買う。

「わあっ、すっごくかわいい。わたしはこっちの人形がいいな」

「わたしは、おくの方にある、あの白いブラウスとジーンズのやつがいい」

店の前は、小学生の女の子たちでぎっしり。最近できたこの店、〝プリティドール〟には、よその店にない、かわいい人形がたくさんある。

「こんなに混んでるんじゃ、ゆっくり見られないね」

志保里《しおり》は、友だちの千香《ちか》と顔を見合わせた。

「ピアノが終わってから来ようか」

千香のことばに、志保里はウンとうなずいた。仲良しの二人は、同じピアノ教室でレッスンを受けている。

夕方、レッスンが終わると二人は、いっしょにこの店へもどってきた。昼間、あれだけたくさんいた女の子たちも、今はだれもいない。

「うーん、やっぱりあれがかわいいな」

二人とも、ショーウインドウにくぎづけだ。

「気に入ったのがあったの？」

店の中から、ひとりの女の人が出てきて、そう言った。

「はい、あります。たーくさん。このお店の人形って、どうしてこんなにかわいいのかって、みんな言ってます」

志保里がそう言うと、女の人はちょっと声をひそめて話し出した。

「それには秘密があるの。あなたたちには、特別に教えてあげようかな」

千香と志保里は、「わあっ」と、手を取り合って喜んだ。案内されるままに、店のおくに入っていく二人。そこには小さなテーブルセットがあった。ソファーにそっとこしをおろす。テーブルの上で、紅茶が白い湯気をたてていた。

「このお店の人形はね、実際にいる小学生をモデルにしているの」

「えっ？」

女の人の話が、二人にはわからない。

「年に二回、『小学生モデル・オーディション』というのをやっているの。それに合格した子をモデルにして作るのよ。実際の人間をモデルにして作るから、きっと女の子たちのハートをつかむんだと思うわ。その方が、ただ大人がかってにイメージして作った人形なんかより、ずっと魅力的だもの」

そんなオーディションがあるなんて、聞いたこともなかった。「そうそう」と、すわりなおして、女の人が話を続けた。

「今年の二回目のオーディションが、ちょうど来週にあるわ。この店の二階でやるの。あなたたちも受けてみなさいよ。二人ともとってもかわいいから、合格するかもしれないわ」

そのことばに、二人の胸が高鳴った。

「受けてみようか……」

うなずき合う二人。その横でニヤッと笑った女の人に、二人は気づかなかった。

次の週、二人はオーディションを受けにやってきた。

「本当にここでいいのかなあ。看板も何も出てないよ」

「そうだね。でも、いちおう行ってみよう」

緊張した顔つきで、二階への階段を上がる。

「いらっしゃい。よく来たわね」

この前の女の人が、笑顔で二人を出迎えた。志保里は、あたりをキョロキョロ見回して、ちょっと首をかしげた。

「あのう、他に受ける人たちは？」

「今日は、あなたたち二人だけ。オーディションは、わたしたちが選んだ、特別にかわいい子だけしか受けられないのよ。審査員はあの人」

そう言って女の人が指をさす。その向こうに、黒い服を着た背の高い男の人がいた。

「どう？　このお二人さんは」

すると、男の人がだまって小さくうなずいた。

「はい、合格よ。それじゃ、こっちへ来て」

「えっ、も、もう合格?」

あまりにも、あっさりしているものだから、二人ともポカンと口を開けたままになった。手招きされて入った部屋はうす暗く、かべに何本かのろうそくがともされていた。何とも言えない不安が二人をおそう。美香が、ふるえる声で言った。

「あ、あの、いいです、あたしたち、帰ります」

するとそれまでにこやかだった女の人の口元が、クワッとさけた。

「もうおそいんだ。お前たちはこの店の人形になるんだよ」

あまりの恐怖に、二人とも声を出すことができない。

「よかったねえ、これでお前たちもみんなから、『かわいい、かわいい』って言われてくらすんだよ。ずっと、ずーっと、うちのショーウインドウの中でね」

部屋のろうそくが、いっせいに消えた……。

ぼくがここにいる

●読むに当たっての工夫例
・正夢、逆夢、デジャヴ（既視感）、金縛りなど、不思議な体験の有無を尋ねる（案外、子どもは何らかの体験を持っているものである）。そして、「不思議な事って、いろいろあるんだよね」と前置きし、話に入っていく。

ぼくはごきげんだった。今日、塾の成績発表があり、念願のベストテンに入れたからだ。

「今夜は、おすしにしてもらおうっと」

早く家に帰りたくて、ぼくは近道をすることにした。いつもは通らない大通りを、横切って行くんだ。

（よしっ、車がこないぞ。今だ！）

ぼくは、通りに飛び出した。すると、すぐそばで、クラクションを鳴らす音がした。

「ああ、あぶなかった。まさか、トラックのかげから車が出てくるなんて思わなかった」

あやうく、はねられるところだった。

（こんなピンチもすりぬけるなんて、このごろのぼくは、本当についてるぞ。この先、もっといいことがあるかもね）

そんなことを考えながら、ぼくは家への道を急いだ。

「あれっ、何だろう……」

ぼくの家の前に、人がたくさんならんでる。もしかしたら、ぼくのトップテン入りのお祝いに来てくれた人たちかな？　なーんちゃって。それにしても、みんな黒い服なんか着て、縁起悪いなあ。

玄関のわきに下がった二本のちょうちん。白い布がかかったテーブルの前で、みんなおじぎをしてる。何か書いてあるぞ。いったい、何があったっていうんだ。えっ、も、もしかして！

「ちょっと、どいて、どいてえ！」

きっと、ぼくの家のだれかが死んじゃったんだ。お父さん？　お母さん？　絵理花《えりか》？

「あっ、ごめんなさい」

ぼくは、ならんでいる人にドスンとぶつかった……つもりだった。なのに、ぶつからない。すりぬけた？　まさか。えっ、日付が十月十二日？　おいおい、まちがえてるぞ、この看板。

今日は十月十日。塾の成績発表日なんだから、まちがいない。

ぼくは、すーっと音もなく、居間に走りこんだ。

「み、みんな、どうして泣いてるの？　お父さん、お母さん！　絵理花も、どうして泣いてるんだよう！」

ゆっくりと顔を上げる。

「な、なんだ、これ！」

ぼくは、こしがぬけるほど驚いた。ここは、だれかの【お通夜の席】だ。そして、そこに立てかけられた写真は……、ぼくの写真……。

「なんだよ、みんなして、ぼくをおどかして。ひっかかるもんか。もし本当のお通夜だったら、家なんかでやるわけないもの。近くに斎場（お通夜や葬式を行う場所）があるじゃないか。……え、ま、まさか、この前、ぼくが冗談で『死んだら家でお葬式やってね』なんて言ったから、こんな手のこんだいたずらしてるの？　ねえ、みんな、何とか言ってよ。何とか言ってってば！」

ぼくの声は、だれにもとどかなかった。一瞬クラッとして、場面が変わった。昼間だ。白い光が、見慣れた居間にさしこんでいる。〝ひつぎ〟がある。しんせきのみんなが、白い花を手に持って、その中に入れている。ぼくも入れよう。……やっぱりそうか。〝ひつぎ〟の中で眠っているのはぼくだ。ぼくがここにいる。

ぼくは、死んじゃったんだね。きっと、あの時の車にはねられたんだ。へへっ、なんてまぬけなんだ。おっちょこちょいのピンボケだ。自分が死んだことにも気がつかないなんて。みんな、もう泣かないで。ぼくは、だいじょうぶ。苦しくなんかないし、いたくもない。だから、だからもう、泣かないで。悲しまないで。

お父さん、お酒飲みすぎないでね。お母さんのロールキャベツ、もう一度食べたかったなあ。絵理花、そろそろ泣き虫を治せよな。

みんな、みんな、さようなら。ぼくはもう行かなくちゃならないみたいなんだ。ぼく、この家に生まれて幸せだったよ。ありがとう。ぼく、ずっと、みんなのこと見守っていくからね。

ぼくは本当にバカだ。死んじゃったのに、なみだなんか出ちゃうんだから。

こうやって死んでみると、初めてわかるなあ。命ってすごいものなんだって。生きているって、すごいことなんだって。

ぼくの体はずんずん高く上がって、そしてうちゅうの中にもどっていった。

百点とったら呪われる

●読むに当たっての工夫例
・テストを返した日、またはこれから返す予定のある日に話すと、大きなリアクションがある。ただし最後には、「このテストはだいじょうぶ。先生の保証つき」と付け加え、ホッとさせて終わることが大切。

ぼくのクラスには、妙なうわさがある。「テストで百点をとったら、呪われる」といううわさだ。だれが言い出したのか、そんなことさえわからない。今のクラスになって一か月。まだテストをほとんどやっていないせいもあるけど、百点をとるのを、みんなが何となくいやがっている。

「おはよう!」

いつものように、でっかい声で先生が教室に入ってきた。そこまではいつもと同じ。違っていたのは、先生の後ろから、見かけない男子がついてきたことだ。

「だれだ、あいつ」

ひそひそと、声がした。

「新しい友だちだ。はい、自己紹介をして」

そう言って先生は、その男子の肩を軽くポンとたたいた。

「森本慎一《もりもとしんいち》です。京都から来ました。よろしく」

（なんだ、こいつ。ちびで、やせっぽち。色も白いし、まるっきり〝もやし〟だ）

一樹《かずき》のやつも同じ事を思ったらしい。ぼくの方を見て、にやにやしてる。

休み時間のことだ。その一樹がたくさんの友だちを集めて、こんな提案をした。もちろん、ぼくもその中に入っている。

「あいつに、百点とらせてみようぜ。そうすれば、あのうわさが本当かどうかはっきりするぞ。だから、あいつが百点とるまで、だれもあの〝うわさ〟のことは、教えるんじゃないぞ」

すると、お調子者の浩司《こうじ》が指をパチンと鳴らした。

「おっ、いいねえ。じゃあおれたちは、手分けしてほかのみんなにこのことを伝えておくよ。ただし女子はうるせえから、『こわがらせちゃかわいそうだから、だまっててあげよう』ってことにしてさ」

クスクスとかみころしたような笑いがひびいて、その作戦は実行に移されることとなった。ぼくは、（いいのかな、そんなことをして）とも思ったけど、「うわさの秘密」を知りたい気持ちには勝てなかった。

「明日、国語の漢字テストをやります」

先生が帰りの会でそう言ったとき、ちょっとどよめきが起こった。あちこちで顔を見合わせている。浩司がまた、指をパチンと鳴らした。

「慎一……君だっけ？　転校してきてすぐにテストだなんて、そりゃないよなあ」

休み時間、一樹がわざとらしく、慎一の近くにやってきた。

「えっ、う、うん。でも、たった十問だからなんとかなるよ」

慎一は、勉強ができる感じだ。だって余裕たっぷりだもの。こりゃ、明日が楽しみだ。

次の日、先生の予告通り、漢字テストが行われた。このクラスになってからは、まだちゃんとしたワークテストはやっていない。けれど、こんなミニテストは何回かやった。そのときはみんな、必ずどこか一か所はわざと間違えて、百点をとらないようにしていた。でも、今日の結果次第で、もうそんなことをしないですむかもしれない。

(慎一が百点をとればいいんだ。それで、慎一に何事も起こらなければ、あの〝うわさ〟がただのインチキだったたって証明される)

ぼくは、自分のテストよりも、慎一が百点をとってくれるかどうかの方が気になった。テストはその日のうちに、返されることになった。帰りの会で、先生がブツブツ文句を言いながら、テストを返し始める。

「まったく、こんなテストで百点がたったひとりなんて、どうなってるんだ。ちゃんと予習をしてきたのか?」

百点がひとり。ぼくは一樹や浩司たちと顔を見合わせた。

「はい百点。森本君。おいおい、たったひとりの百点が転入生っていうのは、どういうわけなんだ」

理由を知らないのは、先生と慎一の二人だけ。

ぼくは、一樹と浩司の二人といっしょに、下校した。

「う〜、楽しみだなあ。あいつにどんなことが起こるのか」

100

そんな浩司の頭を、一樹がパシンとたたいた。

「そういうことじゃないだろう。これで慎一に何もなければいいんだ。そうすれば、おれだって、安心して百点をとれるんだから」

「よく言うよ、一樹。今まで、ほとんど百点なんかとったことないくせに」

ぼくの言葉に、浩司が大声で笑った。

それから三日たった。慎一に何も起こらない。五日たっても、それは同じだった。

「やっぱりあのうわさって、デタラメだったんだ。あー、安心した。今までわざと間違えたりして、損しちゃった」

女子の中から、そんな声があがった。ぼくもホッとひと安心。もちろん、ぼくだけじゃない。あちこちで、「よかった」と声がした。

ちょうど一週間目のことだった。

「なんだ、浩司のやつ、今日はお休みか?」

めずらしいことだ。浩司が学校を休むなんて、聞いたこともない。先生の話では、突然高熱が出て、ぜんぜん下がらないらしい、ということだった。

次の日、一樹が休んだ。ひどい腹痛で、入院したという。教室では、こんなひそひそ話があっちでもこっちでも交わされていた。

「これって、どういうこと？　……もしかして〞呪い〟っていうのは、本人じゃなくて……」

その時、ぼくの目に、ズキンと激痛が走った。

「い、痛い。……目が、目が痛い！」

のたうち回るぼくの耳の奥に、か細い声がひびいた。

【これが、〞呪い〟なんだよ。インチキなんかじゃなかっただろう？】

どこかで聞いた声……。そう、それは慎一の声だった。

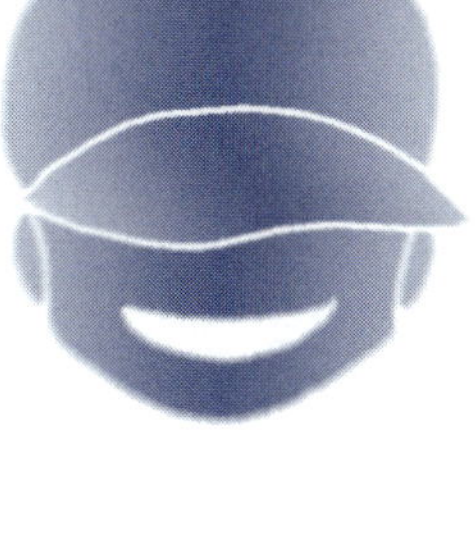

とびらの向こうに何かいる

今年の夏は、とびきりなんだ。なんたって二週間、わたしだけが田舎のおばあちゃんの家に、ずーっと泊まっていいんだから。パパとママは、東京を離れられないし、お兄ちゃんは中学の部活で合宿なの。だから、今年の夏はうんと羽を伸ばして楽しく過ごせるんだ。

「菜月《なつき》ちゃんのことは心配せんでええから。もう四年生なんじゃし。うんまい空気をたんとすって、元気もりもりになって帰ることじゃろうて」

おばあちゃんは、三年前におじいちゃんが死んでから、ずっとひとりぐらし。住み慣れたこの山奥から、離れたくないんだって。

「じゃあ、よろしくお願いしますよ。何かあったら、すぐに電話してくださいね」

●読むに当たっての工夫例
・話が終わった時点で、「そういえば、体育館のステージ裏にあるとびらって、中に何が入っているんだろう。先生も知らないんだよ」と、子どもの身の周りに置き換えてみる。

ママは、わたしをここに送りに来ただけ。すぐに東京へ帰っていった。

「あいかわらず、忙しいお母さんだねえ。もっと、ゆったり生きたらええのに」

そう言って、わたしの頭をすっとなでた。わたしもそう思う。でも、インテリア・コーディネイターっていう仕事は、今、大人気なんですって。

「さてと、ごはんのしたくをしようかね。菜月ちゃん、ちょっと待っててておくれ」

おばあちゃんは、台所へ行った。することのないわたしは、家から持ってきた宿題のノートを確かめたり、庭に出てみたりした。庭の木にはたくさんの鳥が来る。

「これ、なんていう鳥かなあ……」

おばあちゃんの家にいると、あきることがない。空の青さも、山の緑の深さも、なにもかも、だーい好き。

山がオレンジ色にそまり始めるころ、わたしは家の中に入った。ぷーんといいにおいがする。

「もう少しじゃから」というおばあちゃんの声が、遠くの方から聞こえてきた。テレビもまだおもしろい番組をやっていないし、今日はまだ宿題をやる気になれないし。

わたしは、家の中を〝探検〟することにした。何回か来ている家だけど、こんなにゆったりしたのは初めて。まだ、私の知らない部屋もある。

「ここは、おじいちゃんのお仕事部屋だったところね。こっちは、何の部屋だったのかしら」

古いけれど、広い家だ。探検するところは、いくらでもある。

「あれっ、ここは何だろう。こんなドア、あったかなあ」

長い廊下のつきあたりに、こげ茶色のとびらがあった。

「ちょっとのぞいてみようかな」

わたしは、そのとびらに手をかけた。

「何やっとるの！」

大声を上げて、おばあちゃんが走ってきた。

「いかんよ菜月ちゃん、勝手なことしたら」

おばあちゃんが怒ってる。こんなこと、初めて。

「ごめんなさい、わ、わたし……」

そのいきおいに、ことばが出なかった。

「まあ、ええよ。けど、もう二度と開けたらあかんよ。ここだけは開けたらあかんのよ」

そう言って、おばあちゃんは、そのとびらにカギをかけた。

ばんごはんは、「煮込みうどん」だった。野菜や山菜がどっさり入った、おいしいうどん。こんなの、東京じゃ、ぜったいに食べられない。

ごはんのあとは、テレビを観たり、おばあちゃんと楽しくおしゃべりをしてすごした。さっきのことなんて、まるっきりわすれちゃったみたいに。

この日はちょっと夜ふかしをして、ふとんに入ったのは、十時をすぎていた。おばあちゃんとわたしは、客間にふたつ、ふとんを並べて仲良く眠った。

なれないふとんのせいか、わたしはなかなか寝つけなかった。おばあちゃんは、あっという間に寝てしまったけれど。

(こまったなあ、トイレに行きたくなっちゃった)

ここのトイレは、家の一番はじっこにある。長い廊下を歩いて行かなくちゃたどりつけない。でも、朝まではとてもがまんできそうもないし……。

(こんなことで、おばあちゃんを起こしたら笑われちゃうだろうな)

わたしはしかたなく、ふとんから起きあがった。

長くて暗い廊下を、ゆっくりと歩く。足もとが時々、ギシッギシッと音を立てた。明かりとりの窓から、月の光が射し込んでいる。

「あれっ、まさか……」

さっきのとびらがほんの少し開いている。いつの間にか、廊下の突き当たりまで来ていたんだ。

(おかしいな、このとびらはさっき、おばあちゃんがカギをかけたはずなのに)

確かにカギをかけた。それをわたしは、はっきりと見ていた。

その時、わたしの胸の中に、ちょっとしたいたずら心が起きた。

(あんなに〝見るな〟って言われたら、かえって見たくなるよね)

そうっと、とびらに手をかける。グググッとぶきみな音がして、わたしは思わず手を離す。

なのに、とびらは止まらない。

(と、とびらが、とびらが勝手に開いていく!)

わたしは走って、ふとんへもどった。おばあちゃんは、ぐっすりと眠っている。わたしは、ふとんを頭からかぶって、ふるえていた。

（気のせいよ。とびらがひとりでに開いたりするわけないじゃない）

とその時、私の耳にギシッギシッというかすかな音が伝わってきた。その音は少しずつ近づいてくる。そして、わたしの頭の上で、ピタッと止まった。おそるおそるふとんから頭を出して、顔をあげる。すると、障子の向こうに、月の光にうかんだ人影が映った。スルスルと、音もなく障子が開く。わたしののどが、ゴクリと鳴った。

「菜月ちゃん、開けたんだね」

入ってきたのはおばあちゃんだった。

「お、おばあちゃん。何で？　ち、違うよ、ひとりでに開いたんだよ。わたし開けてない！

……えっ、ちょっと待って。それじゃ、ここに寝ている人は？」

わたしが横を見ると、その人がゆっくりと起きあがり、わたしの方を向いた。

「キャーッ！」

わたしの悲鳴が、家中に響き渡った。わたしの横で寝ていたのは……。

もうひとりのぼく

●読むに当たっての工夫例
・クラスや集団の中に、双子がいるときには避けたい話。「時々怒りっぽくなったり、急に笑いたくなったりすることはない？」と投げかける。（なぜか、多くの場合、子どもは「ある」と答える）「それはひょっとして、もうひとりの自分がいるのかも……」などと言うと、場が盛り上がる。特定の子を例にあげることは、絶対に避けたい。

赤ちゃんの元気な産声が、部屋中に響く。その横で、赤ちゃんを取り上げた医者だけが、青ざめた表情を浮かべていた。

「そんな、そんなバカな……」

手術から数時間後、医者は数人の看護士をある部屋に集めた。

「私がレントゲンで見た時は、確かに双子だった。それは、君も見ているよね」

近くにいた看護士が、だまってうなずく。

「双子だったことは、何人もの目で確認している。それなのに、生まれてきたのはひとり。これはいったい、どういうことだ」

何か月か前から「双子らしい」と知らせていた両親には、「間違いだった」と、ただ謝るしかなかった。

その赤ちゃんは、何事もなくすくすくと成長し、そして十年がたった……。


「お誕生日、おめでとう。ハッピバースディ・健人《けんと》！」

あの赤ちゃんは、〝健人〟と名付けられ、この日、十歳の誕生日を迎えていた。

「わあっ、すごいケーキだね。いつものよりずっと大きいや」

「そうよ。ちょうど十歳だから、特別のケーキにしたの」

健人はひとりっ子。両親の愛情をひとりじめにして、ここまで成長した。

「どうもありがとう。うーん、このメロン、おいしそ〜。いっただき……」

と、その時、健人の頭にズキッと痛みが走った。ほんの一瞬のできごとだった。

「……なんか、せこいケーキだな」

健人の顔つきが変わった。つり上がって血走った目。にくにくしげにゆがんだ口もと。

「おれさまの誕生日なんだからよ、もっとましなもの出せよな」

その口から、思っても見なかったことばが飛び出した。両親は、信じられないといった顔で健人を見た。いつもおとなしく、心のやさしい健人だ。こんな口のきき方をするなんて、二人にはとても考えられなかったのだ。

「け、健人、おまえ、今なんて……」

「せこいって言ったんだよ。まったくケチな家だぜ」

それだけ言うと、健人はテーブルの上のごちそうを、思い切り手ではらいのけた。〝ガチャーン〟。大きな音を立てて、お皿やコップがくだけ散る。そしていすから立ち上がり、階段にむかって走り出した。

「どこへ行くの、健人!」

母親の声にふり向きもせず、階段をかけ上がる。と、次の瞬間、〝ガツン〟という大きな音がして、健人がころがり落ちてきた。段をふみはずしたようだ。一気に階段の下まで落ちた健人は、そのまま気を失った。

「健人、健人。だいじょうぶ?」

母親の声に、健人は目を覚ました。

「……お母さん。ぼく、どうしたの？　どうしてベッドなんかにいるの？」

「えっ、何も覚えていないの？」

「覚えていない。何も覚えてない。いったい、何があったの？」

父と母は、血の気の失せた顔を見つめ合った。


その夜、健人は自分の名を呼ぶ声で、目を覚ました。

「だれ？　ぼくの名前を呼んだのは」

「おれさ」

聞いたこともない、しゃがれた声だった。

「おれは健人。もうひとりのお前さ」

健人は、わけがわからなかった。頭の中で声がする。ねぼけているのか、もしかして、気が狂ってしまったのか。

「どうやら、両親から何も聞いてないみたいだな。十年と少し前、母親の腹の中で、おれとお前はいっしょにいたんだ。それがどういうわけか、おれはお前の中に吸収されてしまった。だ

から、生まれてきたのはお前ひとりだけ」

初めて聞く話だった。

「じゃ、ぼくたち、本当は双子だったの？」

「そうさ。なのに、お前だけが十年間、楽しい思いをしてきた。そろそろおれと交代しようぜ」

そう言って、頭の中の〝健人〟は、つぶれたカエルのような声で笑った。するとまた、健人の頭の中を、激しい痛みがおそった。

「いやだ、いやだ！　やめてくれえ！」

健人は割れそうな頭の痛みの中で、叫び続けた……。


「健人！　しっかりして。お母さんよ！」

「……あ、ああ、お母さん。ぼくまた、へんな夢を見ちゃった。ごめんね、起こしちゃって」

健人は、はあっと大きく深呼吸をして、ベッドの上にすわった。

「今は、すっきりしてるからだいじょうぶ。もう、へんなことを言ったり、大声を出したりしないよ。ああ、すごくいい気分だ」

「そう、そうなの。よかった。もとの健人にもどってくれて」

母は泣きながら、健人をギュッとだきしめた。父親も、ホッとした顔で二人を見つめている。

「もうおそいから、ぼく寝るね」

「そうだね。いい夢が見られるといいね」

両親は、「よかった」とくり返しながら、部屋を出ていった。それをじっと見送る健人。

「ふふっ、少しは〝あいつ〟の言葉づかいを練習しなくちゃな」

その口元が、ニヤッと笑っていた。

ずっと友だち

●読むに当たっての工夫例
・アイドルのポスターや写真などがあれば、それを黒板に貼り出す（自分の写真をまぎれ込ませてもよい）。なければ、好きなアイドルの名前をたずねて板書してもよい。そしてひとこと、「かっこいい（かわいい）ねぇ。だけど、この人とずっといっしょにいたい？　ずーっと、ずーっといっしょに……」と、「ずーっと」の箇所を強調する。そして、静かに話に入る。

一番星が出た。

「じゃあ、また明日ね」

わたしは、仲よしの友だちとオレンジ公園で別れた。その時わたしの目に、ひとりでブランコをこいでいる女の子が飛びこんできた。まだ一年生ぐらいの、小さな子だ。白いブラウスに黄色いスカートが、かわいらしい。

「あなた、ひとり？」

こっくりとうなずく。

「もうおそいわよ。早く帰りなさい」

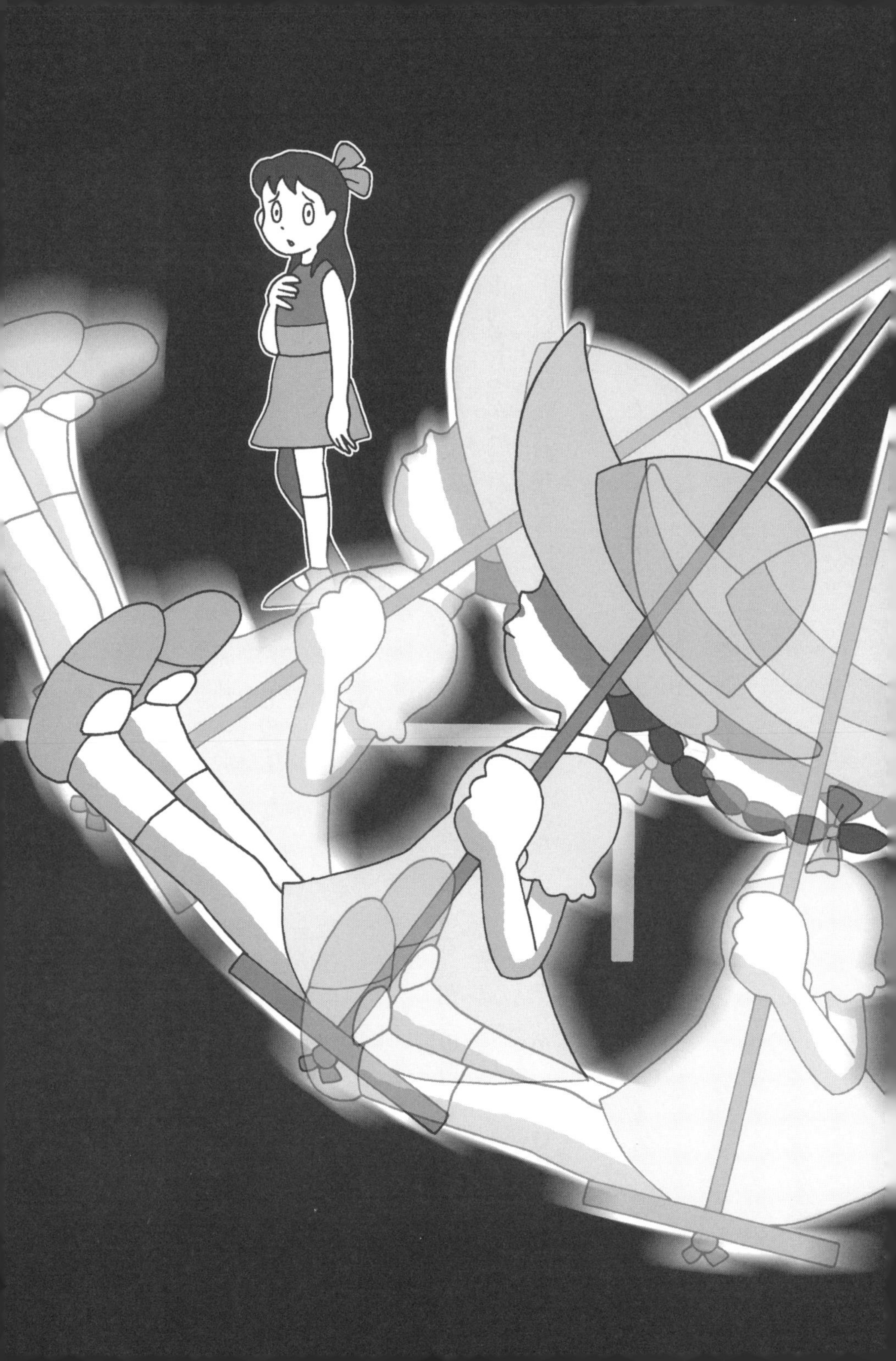

「……ひとりで帰るの、さみしい……」

その子は、か細い声でポツリと言った。

「こまったわね。しかたないわ。おねえちゃんが送っていってあげる。おうちはどこなの？」

するとその子は、いきなり笑顔になって、わたしの手をにぎってきた。

「あっち」

わたしは、その子の指さす方へ、ゆっくりと歩いた。

「あたし、由利香《ゆりか》っていうの」

その子、いや、由利香ちゃんは、わたしの顔を見上げるようにしている。花屋の曲がり角まで来ると、由利香ちゃんは、パッと手を離した。

「ここまででいい。ねえ、おねえちゃん。あたしのお友だちになってくれる？　あたしには友だちがいないの」

さみしそうな顔だったので、わたしは、「いいわよ」と返事をした。

「よかった。あたし、友だちはすごく大事にするからね。ずーっと友だちでいてね」

それだけ言うと、由利香ちゃんはサッと角を曲がった。

「ふふっ、へんな子」

わたしも角を曲がる。けれどそこに、由利香ちゃんの姿はなかった。

翌日、わたしが学校への道を歩いていると、いつの間にか由利香ちゃんがとなりにいた。

「おはよう、おねえちゃん」

「お、おはようって、どこから来たのよ、由利香ちゃん」

由利香ちゃんは、アハハと笑うだけで何も答えない。「何年何組？」とたずねると、元気な声で「一年一組！」と答えた。やっぱり一年生。わたしの予想、大当たり！

通りを渡ろうとしたら、信号がちょうど赤になった。ここの信号は、けっこう長いんだ。

「急いでるんでしょ、おねえちゃん。あたしにまかせて」

由利香ちゃんがそう言ったとたん、信号が青に変わった。車が急ブレーキで止まる。

「えっ、ど、どうなっちゃってるの？」

わたしには、わけがわからなかった。

校門のところまで来ると、由利香ちゃんは一年生の昇降口へ走っていった。ちょっぴりホッとしたわたし。

前に担任だった川野先生が、今は一年生の先生をしている。わたしは、川野先生に由利香ちゃんのことを聞いてみた。しかし、そんな子は、いないという。

(それじゃ、あの子はいったい……)

下校のとき、由利香ちゃんが待っていた。ずっと校門のわきで、わたしのことを。

「由利香ちゃん、あなたどこの学校の子なの？　ここの学校じゃないでしょ！」

でもだめ。由利香ちゃんは、何も答えてくれない。その時、わたしの横を一台の自転車が、すごい勢いでかすめて通った。

「あぶないなあ、もう。だいたい、自転車が歩道を走ったりしちゃ……」

そこでわたしは、「あっ」と声を上げた。その自転車のタイヤがいきなりはずれて、乗っていた男の人が地面に頭からつんのめった。男の人は、たおれたまま、ピクリとも動かない。やがて、サイレンの音がして、救急車がやってきた。すると、由利香ちゃんが、ニコニコしながら言った。

「これでいい？　おねえちゃん」

わたしの背中が、ブルッとふるえた。

ある日、お父さんの仕事でわたしの家は、引っ越しをすることになった。新幹線で二時間もかかる、遠い土地に。本当なら友だちと別れるのはいやなはず。だけど、今のわたしは、由利香ちゃんから離れられるホッとした気持ちの方が、大きかった。

「近くに山がたくさん見えるんだね」

新幹線の窓から見える景色が、遠くまで来たことを教えてくれる。

「さあ、ここが新しいおうちよ」

お母さんが、一軒の白い家を指さした。

「ふーん、けっこうきれいなおうちだね」

そう言ったわたしのくちびるが、次の瞬間、サッと凍りついた。

「待ってたよ、おねえちゃん。あたしたち、『ずーっと友だち』だもんね」

重いバッグが、わたしの手からドスンと落ちた。

肝試しの夜に

●読むに当たっての工夫例
・肝試しの経験の有無を尋ね、その様子をみんなの前で発表させる。その後で、「こんな肝試しもあったらしいよ」と、話を始める。

夏休みに入るとすぐに、お楽しみの行事がやってくる。子ども会のキャンプだ。キャンプのお楽しみはいろいろある。すいか割りにキャンプファイヤー。飯ごう炊さんも楽しいし、大きい声じゃ言えないけど、フォークダンスもちょっぴり楽しみなんだ。だけど、その中でも一番の楽しみといったら、なんといっても〝肝試し〟。特に四年生からは、おどかす役もやらせてもらえる。今年は、ぼくがその〝お化け役〟なんだ。

「鈴木君は、ここでこんにゃくをぶらさげる。高橋さんは、ヒョロヒョロ〜っと、ろくろ首をお願いしますよ」

一週間前になった。この日は、おどかし役が集まって打ち合わせだ。ふーん、こうやって決めてたのかあ。

「それからケンちゃんはだな……」

きたきた、ぼくの番だ。

「ゾンビのお面をかぶって、木の陰から飛び出す。いいかい？」

うひょ〜、おもしろそう。ぼくははりきって、「はい」と、返事をした。


いよいよキャンプ当日。ぼくは肝試しが楽しみで、すいか割りも、キャンプファイヤーも、あまり夢中になれなかった。

フォークダンスが終わると、ファイヤーの火が小さくなっていく。その後、お決まりの花火をやって、さあ、やってきたぞ、肝試し！

ぼくたち、お化け役が本部テントに集合した。最終打ち合わせが終わると、急いで準備開始。この間に、竹田のおじさんが、みんなの前で「こわい話」をしている。このおじさんの話し方がまた、すごくこわいんだ。

「……はい、これでおじさんの話は終わり。はい、それじゃ、ペアを組んで並んでください」

大人と子どもがペアを組む。竹田のおじさんの話だけで、もうベソをかいてるちびっこもいる。ぼくたちはもう、スタンバイ・オッケー。それぞれの場所で、みんなを待ちかまえてる。ぼくも、木の陰にしっかりかくれた。

遠くで、懐中電灯のあかりがゆれている。

（最初のペアがスタートしたな。あっ、すごい悲鳴！　ハハハ、中山さんのフランケンシュタインだな。人がこわがるのを見てるのって、けっこう楽しいや）

早くここへ来ないかなと、ぼくはワクワクしていた。と、次の瞬間、ぼくの心臓は爆発しそうになった。

「うわあ！」

白い服を着た女の人が、いつの間にかぼくの隣に立っていたんだ。まっ青な顔、半分ぬけ落ちた髪の毛、口もとからしたたるどす黒い血……。

「ああ、びっくりした。急に現れないでくださいよ。ええと、佐藤さん……ですか？　あっ、もうすぐ来ちゃう」

最初のペアがやってきた。ぼくは、あわてて木の陰にかくれ直す。そしてタイミングを見計らって、勢いよく飛び出した。

「ゾンビ〜」

キャーッという悲鳴。あれれ、おちびさんの方は、泣き出しちゃった。あはは、おもしろーい！

ふと横を見ると、佐藤さん（?）の姿は、もうどこにもなかった。

どんどんやってくるペアを、次から次へと怖がらせる。みんなが叫んで逃げ出していく。人を怖がらせるって、こんなに楽しいものだったのか。来年も、ぜったいにやらせてもらおうっと。

やがて、すべてのペアが通り過ぎ、肝試しは無事終了。ぼくたち〝お化け役〟も、本部テントに集まってきた。

「今年もみんな、はでにこわがってくれたなあ」

責任者の木村さんが、オオカミ男のお面をはずしながら言った。

「子どもたちも、よくがんばってくれたね。初出場のケンちゃんも、なかなかよかったぞ」

へへ、ちょっとてれくさい。

「それにしても、佐藤さんのユーレイは、最高だったな」

のっぺらぼうの、林さんが言った。そうだよな、あれはこわかったよ、と、あちこちで声がする。やっぱりあのユーレイは、佐藤さんだったのか。すると、木村さんが首をひねった。

「佐藤さんは、来てないぞ。何でも急用ができたとかで」

みんなが、いっせいに顔を見合わせた。

「えっ、じゃああのユーレイはいったい……」

テントの明かりが、すうーっと消えた。

終わらないかくれんぼ

わたしの家は三日前、この町に引っ越しをしてきた。家の中もまだ、ぜんぜん片づかない。段ボールの山がズズーンとそびえてる。

「ちょっと、その辺を散歩してくるね」

「あんまり遠くに行っちゃだめよ。迷子になっちゃうから」

お母さんって心配性。もう三年生なんだから、迷子になんかならないよ。

わたしは、段ボールの山を乗り越えて、玄関にたどり着く。

「行ってきまーす」

〝はじけ豆〟みたいに、外へ飛び出した。

●読むに当たっての工夫例
・「絶対やりたくないかくれんぼっていったら、どんなかくれんぼ?」と聞いてみる。いろいろな考えを出させた後で、「じゃあ、このかくれんぼはどうかな?」と、話に入る。

「ふうっ、ずっとあの家にいたら、息がつまっちゃう」

大きく深呼吸。何もかもが、初めて見る景色。静かでとってもいいところ。道にいる人たちも、なんだかゆっくりのんびり歩いているような気がする。

「ふうん、こんなところにパン屋さんがあるのかあ」

近くに大きなスーパーはない。小さなお店が、ポツンポツンとあるだけ。今まで住んでいたマンションは、大きな通りぞいにあった。スーパーも、ファミレスも、ディスカウントショップも、みんな近くにある。でも、うるさくてきらい。

少し歩くと、小さな公園があった。

「オレンジ公園……か。きれいな公園だな」

すべり台で遊んでいる子、うんていで追いかけっこをしている子たち、お母さんといっしょに、砂場で遊んでいる小さな子どもたち。どことなく、のんびりした光景だ。

わたしは入り口近くのブランコにすわってみた。

「ブランコ、好き？」

とつぜん、わたしの耳に飛びこんできた声。横を向くと、いつの間にかひとりの女の子がいた。となりのブランコにすわってる。おない年くらいかしら。

「あ、あれっ、いつ来たの？」

「ずっといたよ。ずっとね。ブランコ好き？」

わたし、ぼんやりしてて気がつかなかったのかな。

「う、うん。好きだよ。それより、あなたはだれ？」

「それじゃ、かくれんぼは？」

わたしの質問には答えない。

「きらいじゃないけど……」

「それなら、かくれんぼしよう。わたし、大好きなの」

いきなり現れた、名前も知らない子と、どうしてかくれんぼなんかしなくちゃ、ならないのよ。わたしはちょっとプンとして、ブランコから立ち上がろうとした。すると、その女の子は大きく右手をふって言った。

「ジャーンケン……」

〝ポン〟

つられて、チョキを出した。その子はグウ。わたしの負けだ。

「じゃあ、あなたが鬼よ。それじゃ、はじめ！」

そのとたん、公園の中にいた人たちが、すうっと姿を消した。

「えっ、どういうこと？　みんな、どこに行ったの？」

わたしには、わけがわからなかった。心臓の音だけが、やけに大きく聞こえる。公園から通りへ走って出た。だれもいない……。道を歩いていた人たちも、信号待ちをしていた人たちも。

それだけじゃない。車だって一台も走っていない。

「なんなの、これ。いったい、なんなのよう！」

頭をかかえこんだわたしの背中で、声がした。

「どーこだ。見つけないと、おうちへ帰れないよ」

あの子の声だ。わたしは夢中でさがした。木のうしろ、タイヤの陰、垣根の向こう側……。

けれど、どこにもいない。

「どーこだ」

頭の上だ。グッと顔を上げる。

「あっ、いた！　見つけたよ！」

あの子は、木の枝にすわっていた。ずーっと高い木の上に。するとあの子は、ニヤッと笑いながら、こう言った。

「よく見つけたね。だけど、かくれた人を全員見つけるまでは終わらないんだよ。この町の全員をね」

そんなバカな。そんなこと、できっこない。

「どうして？　ただ引っ越ししてきただけのわたしが、どうしてこんな目にあわなくちゃ、ならないのよ！」

わたしは、半分なみだ声になっていた。だって、こんなバカげたことってないじゃない。そんなわたしを見下ろして、あの子は楽しそうに言った。

「そんなこと、どうでもいいじゃない。この町へ来た人は、みんなこうやって遊ぶんだから。何年でも、何十年でもね」

立ちつくしたわたしの足もとを、砂まじりの風が吹き抜けていった。

キツネの嫁入り

●読むに当たっての工夫例
・気象上の「キツネの嫁入り」について、まず説明する。その後、「なぜ、そのような天気のことを「キツネの嫁入り」というのか考えさせる（正解は出なくて良い）。または、「キツネの嫁入り」の場面を絵に描かせてみる。かわいらしく描けている絵をみんなに見せ、「さあ、果たしてこんなにかわいいお嫁入りかな」と投げかけて話し始める。

ぬけるような青空だった。

「気持ちいいね、お父さん」

「ああ、山の緑も、くっきり見えるなあ」

ぼくとお父さんは、二人で山に来た。といっても、別に山登りをするわけじゃない。山のまわりをハイキングする、いわゆる〝トレッキング〟っていうやつ。野鳥の声や、風の音を聞きながら歩いていると、学校でのいやなことなんか、みんな忘れちゃうんだ。

「あれっ、雨?」

こんなに晴れているのに、雨がポツポツ落ちてきた。

「これは、『キツネの嫁入り』だな」

きょとんとしているぼくの横で、お父さんは話を続けた。

「晴れているのに降る雨のことを、そう言うんだよ。どうしてそう言うのかは知らないけどね。すぐにやむさ」

お父さんはそう言って、大きな泣きぼくろのある顔で笑った。

「この奥に、見事なブナの林があるらしいんだ。行ってみようか」

そんなものに興味はない。返事につまっているぼくを置いて、お父さんは歩き出した。

「待ってよ、お父さん。ぼくも行くから」

ぼくは足を早めて、お父さんの後をついていった。いつの間にか、ガスが出てきた。あたりの木々がぼうっと白くかすんでいる。

「ねえ、もどった方がいいんじゃないの」

けれどお父さんは、ぼくの方をふり向きもせず、だまって歩き続けた。細かい雨が、シトシトと降り続く。どんどん山の中へ入っていくお父さん。まるで、この山のことを全て知り尽くしているかのようだ。ここには初めて来たはずなのに。

お父さんの足が、ますます速くなる。

「待って、そんなに速く行かないでよ！」

だが、お父さんにはぼくの声なんか、少しも聞こえないように思える。

（何だか、お父さんじゃないみたいだ……）

その時、お父さんの姿がフッと消えた。一本の太い木のかげに入ったとたん、どこにもいなくなった。「お父さん」と、何度も叫ぶ。しかし、その姿はどこにもない。

「お父さん、どこへ行ったの？　お父さん！」

ぼくの声が、白いガスに包まれた林の中に吸い込まれていく。その時だ。

「えっ、あ、あれは何？」

数十メートル先に、人の行列がぼんやり見える。

（こんな山の中に、どうして……）

こけむした木々やガスを縫って、その行列はゆっくりと進んでいく。ぼくは、一本の木の陰に隠れて、じっと様子をうかがった。

（そうだ、双眼鏡を持ってたんだっけ！）

急いでザックを降ろし、中から銀色の双眼鏡を取り出す。そして、はるか前方の行列に目をこらした。その瞬間、ぼくの心臓は、まるで大砲の弾を受け止めたようなショックを受けた。

「キ、キツネ!」

そう、双眼鏡に飛びこんできたのは、紛れもなく、長い長いキツネの行列だった。人間のように、二本足で立ってはいるが、確かにキツネだ。震える手を必死に落ちつかせる。

黒い着物をえらそうに着こんだやつだの、茶色い着物のすそをたくし上げ、大きな荷物を持ったやつだのがいる。もっとよく見ると、列の中央付近には、白い衣装をまとった〝花嫁〟らしきキツネもいた。

(キツネの嫁入り?)

その時、一匹のキツネとぴったり目があった。

「しまった!」

ぼくに気がついたキツネたちは、いっせいに列をくずし、ぼくの方に走り寄ってきた。ぼくは逃げた。なぜ逃げなくてはならないのか、それはわからない。でも足が勝手に動いてしまう。逃げなくては大変なことになってしまう。本能的に、そう思ったのだ。

力の限り走った。けれど、振り返るたびに、キツネたちの姿が大きくなってくる。着物のすそを振り乱して、どんどんぼくに近づいてくる。
「うわうわっ、来るな、来るなあ!」
そう叫ぶと同時に、ぼくはその場へドッと倒れこんだ。ヘビのような木の根っこに足を取られたのだ。

「コンコン、ケンケン」

そんな鳴き声が、頭の上で飛び跳ねた。とうとう追いつかれてしまったんだ。

キツネたちは、ぼくの顔を穴があくほどじっと見つめた。そしてだまってお互いにうなずきあい、ぼくの腕を両脇からがっしりとつかんだ。

「やめろ、やめてくれえ。父さん、お父さ〜ん！」


気がついたとき、ぼくは行列の中にいた。〝キツネの嫁入り〟の列の中に。

（ぼくはいったい、どうなってしまったんだろう。どうして、こんなにおとなしく、この行列に加わっているんだろう）

自分で自分がわからなかった。目だけを動かして、あたりのようすをさぐってみた。みんな、ひとこともしゃべらずに、ただだまって歩いている。ふとぼくは、ぼくのすぐ横にいる一匹のキツネを見た。大きな泣きぼくろのあるキツネだった。

（お、お父さん！　それじゃ、今のぼくは一体……）

目の前に広げた両手に、うす茶色のしなやかな毛がゆれていた。

わたしには見える

●読むに当たっての工夫例
・「あれっ、今だれか廊下を通ったよね」とか、（窓の外を見て）「あっ、あそこで手を振ってるのはだれだ？」などと演技をする。子どもたちが反応したところで、「わたしには見えたの……」と、つぶやいて話にはいる。話の後で、似たような体験はないか、たずねてみても良い。

その日も、由香利《ゆかり》は来なかった。学校へ来なくなって、もう半年近くになる。

由香利はわたしの友だちだった。けれど、重い心臓の病気で、ずっと入院したきりだ。

「はい、テストを配ります」

高田《たかだ》先生の声に、「えーっ」というだれかの声が混じって、テスト用紙が配られてきた。

「いやだなあ、分数の割り算、苦手なんだよね。いいな、ナッチは算数が得意で」

うしろの席で、真美《まみ》がわたしに向かってつぶやく。わたしだって割り算は苦手。でもしかたない。がんばってやらなくちゃ。

「はい、始め～！」

お決まりの合図でテスト開始。つっかえながらも、どうにか先へ進んでいく。と、その時だ。

わたしは自分の目を疑った。

(ゆ、由香利!)

空いているはずの由香利の席がふさがっている。そして座ってテストを受けているのは確かに由香利。わたしは、ゴシゴシと何度も目をこする。いる。またこする。やっぱりいる。何度目かのゴシゴシで、由香利は消えた。わたしはしばらくの間、ポカンとしていた。

「はーい、テスト終了!」

えっ? いやだ、わたしったらテストを半分しかやってない。

休み時間になった。

「ねえ、ナッチ。遊びにいこうよ」

真美がボールをかかえてやってきた。

「う、うん、……あ、やっぱ、やめとく」

わたしは気乗りがしなかった。さっきの場面が頭の中をあっちへ行ったり、こっちへ行ったり。どうしても、夢や見間違いとは思えないんだ。だけど、まだこのことを友だちに話す勇気はない。きっと笑われるか、バカにされるに決まってるもの。

　三時間目は体育の時間。体育館で、ミニバスのグループ練習だ。

「ほらほら、そこはしっかりパスをつないで！」

　先生の大きな声が、体育館に響き渡る。

「真美、ディフェンスしっかり！」

　わたしの声だって負けちゃいない。なんたって、Ｂグループのキャプテンだもん。

　そのわたしの目が、ふとある一点に釘付けになった。

（由香利……）

　そう、また由香利がいたの。体育館のすみに立って、じっとこっちを見てる。ちゃんと体操服に着替えて。

「ナッチ、ほらア！」

　いった～い。ボールがバチンとわたしの顔面に命中。

「あらら、だいじょうぶ？」

　かけ寄ってくるみんな。

「う、うん、だいじょうぶ。平気平気」

「平気平気じゃないよ。あーあ、顔にバッチリボールのあとが残ってるじゃん。いったいどうしちゃったのよ。ぼんやりしちゃって。ナッチらしくないよ」

「うん、ちょっと目にゴミが入っちゃって」

目をこするふりをして、体育館のすみを見た。もう、由香利はいなかった。


給食の配膳中、わたしは思い切って、真美に由香利のことを話してみた。

「ナッチさあ、勉強のしすぎじゃないの？　由香利は病院だよ。こんなところにいるわけないじゃん」

「じゃあ、本当に真美には由香利が見えないのね」

「あたしだけじゃないよ。ナッチ以外、だーれにも見えないの。……本当におかしいよ、ナッチ。勉強のしすぎじゃなかったら、ホラー映画の見過ぎだね」

そう言って、真美はカラカラと笑った。

（わたしにしか見えない……。由香利、あなたは今、どうしているの？）

その日の放課後、わたしはお母さんに頼んで、由香利のお見舞いにつれていってもらった。

「あら、『面会謝絶』ですって。由香利ちゃん、よくないのかしらね」

お母さんが、下を向いて小さなため息をついた。

それから少しの間、由香利はわたしの前にあらわれなかった。けれど、一週間ほどたった日のことだった。その日は朝から全校集会だ。校長先生のお話や、図書委員会の発表などがあり、金管バンド部の演奏で退場となった。わたしのクラスがドアのところから外へ出ていくその時、由香利はまた現れた。ドアのはじにちょこんと立って、ニコニコしながらわたしを見ている。

(由香利……)

そしてバイバイと、何度も手を振った。

「さよなら……なの？　うそ！　由香利、ちょっと待って、由香利！」

わたしは友だちを押しのけて、由香利のところへ行こうとした。けれど由香利は、笑顔で手を振ったまま、すうっと透き通り、そして消えた。

「ナッチ、あんた本当におかしいよ。保健室へ……」

「だまっててよ！」

わたしのけんまくに、みんなは一歩後ろへ下がった。

教室へもどると、朝の会が始まる。その時だ。

教頭先生がやってきて、高田先生をろうかへ手招きした。何かひそひそと話している。先生の「えっ」と驚いた顔。わたしの胸は一瞬、ドクンと音を立てた。

少しして、先生がうつむいたまま教室に入ってきた。そして、蚊の鳴くような声で、こう言った。

「宮田さんが……、由香利が、ついさっき病院で息を引き取ったそうだ」

わたしの全身を、ビビッと電気が走った。

真夜中の車いす

●読むに当たっての工夫例
・車で夜中に走ったときの話など、前振りの短い話をするとよい。そのあとで、「こんな話、知ってる?」と、話し始める。車いすに対して偏見を持つような反応が感じられたら「おぶっていた」「一緒に連れだって歩いていた」など と、設定を変えてもよい。

あれは、去年の夏のことだった。おばあちゃんの家に家族で行ったその帰り道。ぼくは、不思議なものを見た。

帰りの道が大渋滞だったので、我が家の車はナビの「抜け道ルート」を使って走ることにした。

「ずいぶん暗いね、この道」

ぼくはだんだん不安になってきた。

「本当に暗いよ。それにすごく細い道だし」

妹の梓《あずさ》も心細そうだ。お母さんも、「本当にこの道でいいの?」と、心配している。けれど

お父さんは、全然気にしている様子がない。

「だいじょうぶさ。ちゃんとナビの指示通りに走っているんだから」

それもそうだ。どんなに細い道でも、ナビに任せておけば安心だ。お父さんは、どちらかといえば方向オンチな方だけど、ナビのおかげで今まで道に迷ったことはない。それにしても遠い。いったい何時間走っているんだろう。

「ねえ、お父さん。いったいいつまで走ればいいの？　ここはどのあたりなの？」

お母さんの問いかけに、お父さんは無言で、〝現在地〟のボタンを押す。と、ナビの画面がまっ暗になった。

「あれっ、故障かな。弱ったぞ」

もう、どこをどう押してみても、ナビの画面は出てこなかった。

「ねえ、どうするの？　早く帰りたいよ」

梓はもう、半べそ状態だ。それにしてもさっきから、一台の車ともすれ違わない。後ろからやってくる気配もない。本当にここはどこなんだろう。

雨が降ってきた。泣きっ面にハチってやつか。その時、お母さんがホッとしたような声をあげた。

「あっ、人みたいよ。ここがどこか聞いてみない?」

いつの間にか上り坂になった道には街灯もなく、雨にぬれた路面が、かすかににぶい光を放っているだけだった。

車は、ゆっくりとその人たちの後ろから近づいていく。

「あらっ、この人って……」

そう言ったきり、お母さんの口はかたく閉ざされた。車のライトに照らされた背中は、黒いマントでおおわれ、びっしょりにぬれていた。おまけに車いすを押して、ゆっくりと坂道を上っていくのだ。梓の声がひきつった。

「お父さん、行こう」

車がゆっくりと、その人たちの横を通り過ぎる。黒いマントの左肩に銀色のクサリのようなものが見えた。二人とも、びしょぬれだ。とても道をたずねるなんていう気にはなれない。ぼくは、後ろの席から身を乗り出すようにして言った。

「ねえ、どう考えてもおかしいよ。このあたりに家の明かりなんてまるっきりないし、ぼくたちが通ってきた道にだって、一軒の民家もなかったよ」

お母さんが続く。

「それに変だわ。こんな夜中に雨の中を車いすを押して歩いているなんて」

車の時計が、緑色の文字で〝十一時十二分〟を示していた。恐ろしさにシーンと静まりかえる車内。その時、遠くにチラッと明かりが見えた。

「あの明かりの方向へ行きましょう。もう、何でもいいわ。とにかく明るいところへ行ってちょうだい！」

いつものお母さんとは思えないような、ヒステリックな声だった。お父さんはひたすら、雨の中を遠くの明かり目指して、車を走らせた。しばらくすると、道がまたゆるやかな上りになった。その時、梓の大声が響いた。

「やだ！　またあの人たちがいる！」

「うわっ、あっ、あぶない！」

急ブレーキと急ハンドルで車は大きくスピンした。そして、雨でぬれた道路をボートのようにすべっていく。目の前には、車いすを押した黒いマントがせまる。

「だめだ、よけきれない！」

お父さんの叫び声の向こうに、肩からさがった銀色のクサリが見えた……。

今日も雨だ。さてと、でかけるか。ぼくは〝新しい人〟を車いすに乗せ、黒いマントをはおった。そう、あの時以来、ぼくはこうして雨の夜にでかけていく。お父さんやお母さん、それに梓も、どこか別の道を歩いているはずだ。どうしてこんなことになったのか、わからない。なぜ、こんなことをしなくちゃならないのか、それもわからない。わかっていることはただひとつ。あの夜、ぼくらは入りこんではいけない死神の世界へ入ってしまったということ。そして、ぼくらも同じ死神になってしまったらしい、ということ。

今日の〝新しい人〟は、……おやおや、自殺をした人か。あ〜あ、気の毒に。自殺っていうのは、一番罪が重いんだ。今夜の雨は、一段と冷たいや。

土管の中

●読むに当たっての工夫例
・まず、土管の絵などを掲示し、土管というものをしっかり理解させておく（現代っ子には、知らない子も少なくない）。また、この話は土管のレイアウトがイメージできないと、わかりにくい話になるので、迷路のような土管全体の絵も鳥瞰的に描いておくとよい。

「アスレチック公園、こわされちゃうんだって？」

「うん、そのあとに、大きなマンションが建つんだってさ」

　ぼくたちは、がっかりした。だってあの公園は、ぼくたちの最高の遊び場だから。特に〝土管トンネル〟は大人気。ぼくも大好きなんだ。

　その日も、ぼくたちは学校が終わった後、アスレチック公園に集合した。ここで遊べるのももう少し。思い切り遊ばなくちゃ。

「今日は、『土管オニ』やろうよ」

　こうちゃんの意見に、みんな大さんせい。土管オニっていうのは、土管を使ってやるオニごっこ。ここの土管は、いろんな方向に何本もつながってるから、オニごっこには最高なんだ。

「オニ軍団を決めるぞ。最初はグー……」

ぼくたちが、オニ軍団になった。オニはひとりじゃない。長い土管だから、ひとりじゃ、とってもみんなをつかまえられないんだ。

わーっと声をあげて、人間軍団の五人があちこちの入り口から、土管の中へ逃げこんだ。二十数えたら、ついせき開始だ。

「十九、二十。それーっ！」

ぼくたちオニ軍団が、いっせいに土管にもぐりこんだ。迷路みたいに入りくんだ土管は、ぼくらを冒険の世界にさそいこんでくれる。

「あっ、そっちへ逃げたぞ。ちがうちがう、あっちあっち！」

キャーキャー、ワアーワアー大騒ぎ。楽しい時間が、あっという間に過ぎていく。

「ああ、面白かった。明日また遊ぼうよ」

そう言ってこうちゃんは、どろだらけになったシャツをパンパンとはたく。他のみんなもどろだらけ。こうやって遊ぶのがまた、楽しいんだなあ。

「ちょっと待ってよ。しゅんちゃんはどこへ行ったんだ?」

そういえば、しゅんちゃんがいない。

「しゅんちゃんなら、さっきぼくがおいかけたぞ。ほら、ここの土管から入っていったんだ」

そこの土管は一本道。入ったら、必ずつかまっちゃう。なにしろ出口が一か所しかないんだから。

「そんなバカなことあるかよ。おーい、しゅんちゃーん!」

先に帰ったんじゃないか、って言った子もいたけど、しゅんちゃんの自転車が、まだここにある。

「ちょっとぼく、入ってみる」

こうちゃんが、はらばいになって入っていった。

「へんだよな」

「うん、そんなはずないよ」

みんなはいろんなことを言うけど、本当なんだからしかたがない。……何分かが過ぎた。

「あれえ、こうちゃんまで出てこないぞ」

ぼくらは、順番に出口をのぞきこんだ。中はまっ暗だった。

「おかしいよ。だってこの土管、ちゃんと向こう側が見えるはずなんだもん」

みんなの背中に、ゾーッと冷たいものが走った。

家の人たちが来て、手分けして探したけどやっぱり見つからない。とうとうパトカーまでやってきた。おまわりさんやレスキュー隊の人たちも来て探したけど、それでも見つからなかった。


それから一年たったけど、とうとう二人は見つからなかった。時々夜遅くなってこの公園を通った人から、「楽しそうな子どもの笑い声を聞いた」という話をよく聞く。きっと、もう子どもたちと遊べなくなっちゃう公園が、さみしがってしゅんちゃんと、こうちゃんをつれていっちゃったんだ。ぼくは今でも本気でそう思っている。

この事件があって、マンションの建設は延期になっている。

留守番の夜

●読むに当たっての工夫例
・子どもに、ひとりで留守番を経験したことの有無を尋ねる。経験者がいれば、その時の様子と気持ちを話させる。そして、「もし、夜にひとりで留守番をするとしたら、家の中で一番行きたくない場所は?」と、具体的、個別的なイメージを持たせてから、話にはいる。

雨だった。

「んもう、どうしてこんな夜にかぎって……」

真希《まき》は、乱暴に受話器を置いた。病気のおばさんのお見舞いに行った両親だったが、帰り道、事故があったらしく車が大渋滞しているという。ひとりっ子の真希は、ひとりで留守番をしているしかなかった。

ひとりでレトルトのカレーを食べ、少しふてくされてテレビを見ていた。大好きなウタバンだ。

人気歌手の「杉浦《すぎうら》亜弥《あや》」がノリノリで歌っているその時だった。テレビの画面がザザーッと流れ、音もとぎれとぎれになった。

「何よ、これ。ポンコツテレビだなあ」

ポンコツのわけがない。ほんの三か月前に買ったテレビだ。真希の家は、三か月前、名古屋から引っ越しをしてきた。ちょっと古い中古の家を買って、今、住んでいる。このテレビも、それと同時に買ったものだった。

まもなくテレビが映らなくなり、シーンとした空気が真希をつつんだ。聞こえてくるのは、雨の音ばかり……。

「もしもし、お母さん！」

母の携帯に電話をしてみた。つながらない。父の携帯も同じだった。

「電波の届かないところにいるかなあ。まさか、電源を切っているわけはないし」

時刻はもう、九時を回っていた。風も出てきたようだ。

「いやだなあ。早く寝ちゃおう！」

真希は、自分の部屋のベッドから、かけぶとんを一階の居間に降ろしてきた。二階で寝るのは怖いので、居間で寝ようというのだ。

「電気は、つけっぱなしで寝ようっと」

ふとんにもぐるが、なかなか寝つけない。時計を見ると十時を回っていた。

「お父さんも、お母さんも、どうして電話をくれないんだろう。何かへんなことでもあったのかしら」

たったひとりの留守番なんて、まったく初めての経験だ。寝つけないのも無理はない。しかしこの日は、徒歩遠足だった。体は疲れている。いつのまにか、真希は眠りに落ちた。

ふと、目が覚めた。まっ暗だ。

「お父さん、お母さん、帰ってきたの?」

返事がない。キッチンにも、寝室にもいない。それになにより、二人の靴がない。

「まだ帰ってないんだ……」

時刻は、午前一時二十分。時計の蛍光塗料が針と文字盤を緑色に浮き上がらせている。こんな時間まで帰ってこないなんて、どう考えてもおかしい。それにどうして、電気が消えているんだろう。真希は起きあがって、電気のスイッチをパチパチと左右に動かした。

「つかない……」

と、その時、真希は背中から後頭部にかけてゾゾッとはいあがってくる何かを感じた。

「な、なに? あの音……」

二階の廊下を歩く音。そして、ゆっくりと階段を下りてくる足音。二階には、だれもいるはずがない。だとしたらいったい何? 真希の全身は、いつの間にか震えだしていた。歯がガチガチと鳴る。思わずふとんにもぐりこみ、目だけを音のする方向に向けた。

ギシッ、ギシッ。古い家だ。階段のきしむ音は大きい。やがてその足音は、居間のドアの前でぴたりと止まった。

「お願い、来ないで。何も来ないで」

ふりしぼるような真希の声をあざ笑うかのように、ゆっくりとドアが開いていく。

ギギッ、ギギーッ。

「キャアー!」

真希の悲鳴が、家を揺り動かした。ドアからゆらりと入ってきたのは、真希と同じぐらいの年の女の子だった。

「わたしの……部屋を……とら……ないで」

細い体に長い髪。真希をじっと見つめるその目は、うすい緑色をしている。真希はただ体をかたくするばかりで、叫ぶことも、逃げることもできなかった。

「この……家で……くらした……かった。もっと、もっと……」

（な、なんなの、この家。どんな人がすんでいたっていうの？　いったいこの家で、何があったっていうの!?）

女の子はすうっと真希に近づき、冷たい手でそっとほおをなでた。そして真希は……。

あなたは、この家で一体どんなことがあったのだと思いますか。そして真希はこの後、いったいどうなったと……。

林間学校の暑い夜

●読むに当たっての工夫例
・高学年であれば、林間学校へ出発する少し前に、この話をするとよい。また、可能であれば（大丈夫と感じれば）、林間学校当日の夜に、学年レクの一環として、この話をしてもよい。ただし、「聞きたくない子ども」がいたら、聞かせることを強制してはいけない。別室で、他の教師（大人）が付き添って、楽しい話でもしていることを勧める。

その日の夜は、特別に蒸し暑かった。

「だれよ、『高原だからすずしい』なんて言ったのは」

勝ち気な桃子《ももこ》が、ふとんをけとばしながら言った。わたしたち五年生は今、林間学校に来ている。女子の部屋は十四人。なにも、こんなに詰め込まなくたっていいだろうに。

「あー、もう、エアコンがなくちゃ眠れないよう」

ここにはエアコンなんかあるわけがない。夏でもすずしいはずの高原だもの。でも、この日だけは、とにかく異常な暑さだった。先生は、戸締まりをしっかりして寝るように言ったけど、そんなこと、できるわけがない。

「網戸にして寝ようよ」

だれかが提案した。もちろん、みんな大賛成だ。ジャンケンをして、勝った人からすずしい窓ぎわに寝ることになった。

「わーい、綾子《あやこ》の負け！」

わたしはみごとに一回戦負け。一番暑いまん中で寝るハメになった。

「ねえ、トランプやろうよ」

そう言い出したのは、麻郁《まや》だ。ぐるっと八人ほどの輪ができる。先生に見つからないように、声をひそめてのトランプ遊びだ。最初、大いに盛り上がっていたトランプだったが、そのうち、ひとり、またひとりと自分の寝床につき始めた。

「そろそろやめようか」

桃子のひとことで、トランプは終わり。わたしも眠ることにした。だれかが懐中電灯の明かりを、掛け時計に向ける。時刻は十一時を回っていた。

「……ん、今、何時だろう」

いつの間に眠ったのだろうか。目を覚ますと、みんなはぐっすりと寝入っていた。掛け時計に目をやったが、暗くて時間まではわからない。ほの赤い、豆電球がひとつついているだけだ。と、その時だ。わたしは自分の目を疑った。窓の網戸が、ギギッとかすかな音をたて、ゆっくりと開いていくのだ。

(うそっ、なんで?)

わたしの体はかたくなり、目はその網戸に釘付けになった。やがて、細く青白い手が部屋の中に、スーッと伸びてきた。そして、赤い着物を着た髪の長い女の子が、四つんばいになり、ズルズルとへびのように、部屋の中へ入ってきたのだ。

「キャーッ!」

やっとのことで声が出た。

「だれよ、うるさいわねえ」

「なに、さわいでんの?」

わたしの声で、みんながいっせいに目を覚ます。だれかが明かりをつけた。まっ白な光が、わたしの目の中に飛びこんだ。

(まぶしい……)

「ちょっと綾ちゃん、ねぼけたんでしょう」

麻郁が、ねぼけまなこのふくれっつらで、わたしをギロッとにらんだ。

「ちがうよ、ねぼけたんじゃない。ほら、そこの網戸……」

見ると、さっき開いたはずの網戸が、しっかりと閉まっている。

「網戸がどうしたのよ。んもう、いやんなっちゃう」

とりあえず、「ごめんなさい」ってあやまりはしたけど、どうもすっきりしない。

(やっぱり、ねぼけてたのかなあ)

そう思うことにした。だってその方が、落ちついて眠れそうだから。

(わたしも寝ようっと!)

と、ふとんにもどる。すると、だれかがわたしのふとんに割りこんで寝ている。

「ちょっとだれよ。寝相、悪いなあ。もっとあっちに行ってよ」

すると、その子は向こうを向いたまま、ポツリと言った。

「ごめんね……」

そして、ゆっくりとこっちをふり向く。

「ヒッ！」
わたしは恐怖のあまり、声も出なかった。ふり向いたその顔は……。

心霊写真ごっこ

●読むに当たっての工夫例
・いわゆる〝心霊写真〟というものは、見ようによってはどうとでも見えるものが多い。特に、葉の生い茂った木、崖、岩場などに「それらしく見える写真」が多い。だが、写真そのものを話の場に持ち込むと、必要以上に生々しくなるので、話だけに留めておく方がよい。
　最後に、「むやみにこういうことをしてはいけないよ」と、つけくわえておくこと。


「昨夜のテレビ見たか？　『恐怖の館』ってやつ」

「ああ、見た見た。心霊写真の特集やってたやつだろ？」

　その日の朝、ぼくのクラスは、昨夜のテレビの話題で、すごく盛り上がっていた。

「だけど、あれってインチキが多いんだぜ」

　カッちゃんが、顔を突き出してそう言った。お調子者のリョースケも話を合わせる。

「あんなの、おれたちにだって作れるさ。そうだ、今度作ってみないか？　おれとカッちゃんと……おい、タクヤもやろうぜ」

　ぼくは、冗談じゃないと思った。

「い、いいよ、ぼくは。あんまりそういうの、好きじゃないんだ」

「あっ、タクヤ、怖いんだろう。なーんだ、弱虫だな」

リョースケに〃弱虫〃と言われて、ぼくはカチンときた。

「怖くなんかあるもんか。いいよ、いっしょにやっても」

と、こんなわけで、ぼくたちは「心霊写真を作る」ことになってしまった。


その週の土曜日の夜、ぼくたちはリョースケの家に集まることになった。家の人には、「総合の調べ学習をいっしょにやる」ということにして。

カメラはカッちゃんが持ってきた。リョースケは、この計画にすっかりハマッていて、いろんな小道具を用意してきたみたいだ。

「このガラス板に人形の顔を映すと、背後霊みたいに見えるんだ。こっちの洗濯用のゴム手袋に綿を詰めて、肩の上に置く。それでちょっとピントをぼかして写すと、肩から手だけが出ているように見えるんだぜ」

どこでこんなことを調べてきたんだろう。とにかくリョースケは、今、心霊写真に夢中なんだ。

「まずは、『エクトプラズム』をやろう」

ぼくとカッちゃんは、同時に「はあっ？」と声をあげた。

「なんだ、それ」

「人間の霊魂が煙みたいに見える現象だよ。この撮影は簡単さ。この花火の煙をうまく流して口から出ているように見せるんだ」

そう言って、リョースケは花火に火をつけた。

「いいか、カッちゃんはこれを持って、左右に何度も振ってくれ。タクヤはＯＫって言ったら、おれの写真を撮るんだ。いいか、それじゃ、始めるぞ」

何が何だかわからないけど、とにかくリョースケの言う通りにやってみた。リョースケのやつ、口をガバッと開けて、タイミングをはかってる。はあ、これで口からその、エクト……何とかが出ているように見えるってわけだな。

カッちゃんも言われたとおりに、花火をゆっくりと左右に振ってる。

「よしっ、ＯＫだ、タクヤ！」

ぼくは、カメラのシャッターを切った。フラッシュの白い光に、花火の煙と口を開けたリョースケが浮かび上がる。それを三枚撮った。

「よっしゃ、きっといいのが撮れてるぞ。さて次は……」

リョースケがそこまで言ったとき、雨が落ちてきた。

「おしいなあ、もっといろいろなやつを撮りたかったのに」

だけど雨はますます激しくなってくる。今回はしかたなく、エクトなんとかだけにした。

それから何日かたった。リョースケの方から何も言ってこないので、ぼくとカッちゃんは

「まだか?」とたずねた。

「う、うん、できたことはできたんだけど……」

「失敗したのか?」

「いや、失敗ってわけじゃないんだけど……」

いつものリョースケらしくない。

「実は、ここに現像した写真があるんだけどね」

そう言ってリョースケは、ランドセルの中から、ティッシュにくるまった写真を撮りだした。カッちゃんが、早く見せろと写真を取り上げる。

「おっ、すげえ！　完璧じゃんかよ。これ、テレビに出そう……、あれ？」

そう言って首をかしげるカッちゃん。ぼくは、カッちゃんの手にした写真を横からのぞきこんだ。

「な、なんだこれ……」

確かに、エクトなんとかはよく撮れている。本当にリョースケの口から、白い煙が出ているみたいだ。だけど、これは何だ。リョースケの左足に、見たこともない、小さな女の子がしがみついている。

「この子、だれだ?」

カッちゃんの質問にも、リョースケは首を横に振るだけだ。

「知らないよ、こんなやつ。それにあの時、こんなやつ、いたかよ!」

ぼくたち三人は、代わる代わる顔を見合わせて、ゴクリと生つばを飲みこんだ。

「そ、その写真、早く焼いた方がいいよ。〝お炊《た》き上げ〟っていうんだろ? そういうの」

リョースケは、だまってうなずいた。

次の日、リョースケが学校を休んだ。珍しいことだ。すると朝の会で、先生がいきなり、こんな話をした。

「実はリョースケが昨日の夜、交通事故にあったそうだ」

ぼくとカッちゃんは、体を反らせて、お互いの顔を見た。

「そ、それでどうなんですか、リョースケは!」

先生の声が、グッと小さくなった。

「ああ、……かわいそうに、左足を切断するそうだ」

ぼくの頭の中で、女の子の笑い声が響いた。

おばあちゃんの願い

●読むに当たっての工夫例
・自分のおばあちゃんに置き換えることは、絶対に避ける。「人が入れ替わる」という視点の恐怖感のみに留めておくべきだろう。おばあちゃんを「ペット」や、病室にいる「赤の他人」、「報道された事故の被害者」などに置き換えても、十分怖さは伝わる。何事もケースバイケースで、臨機応変に対応することが大切。

病室の壁が、やけに白く見えた。ベッドでは、枯れ枝のように細くなったおばあちゃんが、そっと体を横たえている。

「沙樹《さき》、ちょっと買い物をしてくるから、おばあちゃんをみていてね」

お母さんは、そう言い残して病室を出て行った。わたしとお母さんは今日、おばあちゃんのお見舞いに来た。〝お見舞い〟と言っていいのかどうかわからない。お医者さんから「病院に来てください」と言われてきたのだから。もう、長くはない……。お医者さんはそう言った。

かわいそうな、おばあちゃん。わたしにしてあげられること、何かないの？

「……沙樹……」

わたしはドキッとした。今まで眠っていたおばあちゃんが、突然、口を開いた。

「なあに、おばあちゃん。沙樹はここにいるよ」

軽くにぎった手なのに、いまにもポキッと折れてしまいそうだ。

「沙樹や……、おばあちゃん、沙樹にお願いがあるんだよ」

か細い声。耳を近づけて、やっと聞き取れるくらいに。

「いいよ、どんなお願いでも聞いてあげる。大好きなおばあちゃんだもん」

それを聞くと、おばあちゃんは少し笑った。そんなおばあちゃんをみていると、自然に涙がこぼれた。

(死ぬことだけを待っているおばあちゃん。あんなに元気だったのに。あんなに楽しい人だったのに)

わたしは心の底から、おばあちゃんには何でもしてあげたいと思った。そのおばあちゃんが、かすれた笛みたいな声でかすかに言った言葉は、わたしの心臓をグサッと貫いた。

「……沙樹、おばあちゃんと体を……入れ替わっておくれ」

えっ、どういうこと? わたしは思ってもみなかったおばあちゃんの言葉に、とまどった。

ついさっきまで、「何でもしてあげたい」と思っていた気持ちも、泥沼の中へ沈みこむように消えていった。

「い、いやよ、そんなの。それに、できっこないじゃない、そんなこと」

「できるんだよ、沙樹。だって、さっき、『どんなお願いでも聞いてあげる』って言ったじゃないか」

わたしは、おばあちゃんの言葉を、本気にしたわけではない。そんなことができっこないことぐらい、小学生のわたしにだってわかる。でも、何だか怖い。「うん」とは言えないわたしがここにいる。

「だめだよ、沙樹。もう約束してしまったんだから。さあ、あたしたちは入れ替わるんだよ」

そう言っておばあちゃんは、わたしを見て嬉しそうに笑った。

「いやいや、そんなの、絶対いやだよ！」

わたしは、ベッドから離れた。そして、走って病室を出て行こうとした。

「あっ、痛い！」

わたしは、床に倒れこんだ。

（動かない、足が動かない。どうしちゃったの、わたしの足！　それに声も出ない！）

少しずつ、わたしの目がかすんできた。全身から力が抜けていく。

（まさか……、本当にわたしとおばあちゃん、入れ替わっちゃうの？　そんなはずないよ）

一瞬、目の前が白くなって、頭の中がもわっとした。

「おやおや、やっぱりいいもんだね、若い体は」

（その声……、わたしの声じゃないの！　えっ、わたしが立ってる。なにをニヤニヤして、こっちを見ているの？　じゃあ、今、ベッドで寝ているのは……、これがわたし？　やだ、本当におばあちゃんとわたし、入れ替わっちゃったんだ）

その時、ドアを開けてお医者さんが入ってきた。お母さんもいる。ああ、体が熱い。呼吸が苦しい。うすれる意識の中で、お医者さんの声が、鐘の音のように聞こえた。

「今夜が峠ですね。ご親せきのみなさんに来ていただいた方がいいかもしれません」

（いや、そんなのいや！）

やっと開いた目の中で、おばあちゃんの入りこんだ〝わたし〟が、ニヤッと笑っていた。

▲著者 山口　理（やまぐち　さとし）

教員時代、“コワイ話”を駆使し、学級経営に役立ててきた。独自に考案した“コワイ話”のためのテクニック、環境づくりなどは、数え切れないほど。また、オリジナルの作品も100編を越えており、作家活動に入った現在も、レパートリーを広げている。

出版されている“コワイ話”も、「おまちどおさま」「のろいをまねく一輪車」「死神から買ったマフラー」「すすり泣く黒髪」（以上　岩崎書店）「教室で語り聞かせるこわ〜い話」（いかだ社）など、多数ある。

職業は作家。日本児童文学者協会理事。日本ペンクラブ会員。

また、本業以外にも、日本ブーメラン協会監事。日本くるま旅会員といった遊び人の肩書きをもつ。

〒278-0016 千葉県野田市二ツ塚461－8

URL-http://www.h4.dion.ne.jp/~sato-131

▲イラスト やまねあつし

1967年東京生まれ。サラリーマン生活を経て漫画家に転身。迷路・クイズの構成やイラスト・漫画等、子ども向けの本を手がけている。主に「いたずらぶっく」(小学館)やテレビアニメ絵本の企画構成など、幅広く活躍。

子どもの心をつかむ21世紀の怪談

5分間で読める・話せる こわ〜い話

2005年7月11日　第1刷発行
2007年7月11日　第3刷発行

著　者●山口 理©
発行人●新沼光太郎
発行所●株式会社いかだ社
〒102-0072 東京都千代田区飯田橋2-4-10 加島ビル
Tel. 03-3234-5365　Fax. 03-3234-5308
振替・00130-2-572993
印刷・製本　株式会社ミツワ

乱丁・落丁の場合はお取り換えいたします。

ISBN978-4-87051-175-0